丛书主编

王大明　刘兵　李斌

编委会成员

（按姓氏音序排列）

陈印政	柯遵科	李　斌
李思琪	刘　兵	刘思扬
曲德腾	施光玮	孙丽伟
万兆元	王　静	王大明
吴培熠	杨　枭	杨可鑫
云　霞	张桂枝	张前进

开创比特新时代

信息科学巨匠

杨可鑫 李斌 编

中原出版传媒集团
中原传媒股份公司

大象出版社
·郑州·

图书在版编目(CIP)数据

开创比特新时代：信息科学巨匠 / 杨可鑫,李斌编. — 郑州：大象出版社, 2024. 2 (2025. 9 重印)
(中外科学家传记丛书 / 王大明, 刘兵, 李斌主编)
ISBN 978-7-5711-1916-4

Ⅰ. ①开… Ⅱ. ①杨… ②李… Ⅲ. ①信息技术-科学家-列传-世界 Ⅳ. ①K816. 1

中国国家版本馆 CIP 数据核字(2023)第 214512 号

中外科学家传记丛书

开创比特新时代　信息科学巨匠

KAICHUANG BITE XIN SHIDAI　XINXI KEXUE JUJIANG

杨可鑫　李　斌　编

出 版 人	汪林中
项目策划	李光洁
项目统筹	成　艳　董翌华
责任编辑	王曼青
责任校对	牛志远
装帧设计	王莉娟

出版发行	大象出版社 (郑州市郑东新区祥盛街27号　邮政编码450016)
	发行科　0371-63863551　总编室　0371-65597936
网　　址	www.daxiang.cn
印　　刷	河南新华印刷集团有限公司
经　　销	各地新华书店经销
开　　本	890 mm×1240 mm　1/32
印　　张	6.25
字　　数	135 千字
版　　次	2024 年 2 月第 1 版　2025 年 9 月第 2 次印刷
定　　价	25.00 元

若发现印、装质量问题,影响阅读,请与承印厂联系调换。
印厂地址　郑州市经五路12号
邮政编码　450002　　　电话　0371-65957865

总　序

马克思和恩格斯合写于19世纪40年代的《共产党宣言》中，曾有这样一段生动的描述："自然力的征服，机器的采用，化学在工业和农业中的应用，轮船的行驶，铁路的通行，电报的使用，整个整个大陆的开垦，河川的通航，仿佛用法术从地下呼唤出来的大量人口——过去哪一个世纪料想到在社会劳动里蕴藏有这样的生产力呢？"马克思和恩格斯说的那一切，还不过是19世纪的景况。到了21世纪的今天，随着核能、电子、生物、信息、人工智能等各种前人闻所未闻的科学技术的飞速发展，人类社会面貌进一步发生了翻天覆地的甚至马克思那个年代都无法想象的巨变。造成所有这一切改变的最根本原因，毫无疑问，就是科学技术。而几百年来，推动科学技术发展的直接力量，就是一大批科学家和技术专家。

中国是这几百年来世界科学技术革命和现代化的后知后觉者，从16世纪末期最初接触近代自然科学又浅尝辄止，到19世纪中期晚清时代坚船利炮威胁下的西学东渐，再到20世纪初期对"德先生"和"赛先生"的热切呼唤，经过几百年的尝试，特别是近几十年的努力，已逐渐赶上世界发展的潮流，甚至最近还有后来者居上的势头。例如，中国目前不但在经济总量上居于世界第二的地位，而且在科学研究的多个前沿领域也已经名列国际前茅。最可贵的是，中国已经形成了一支人数众多、质量上乘的科研队伍。

利用科学技术来推动社会经济的发展，中国已经尝到了巨大甜头，科学技术是第一生产力的观点深入人心。从政府到民间，大家普遍关心如何进一步落实科教兴国战略、推动创新促进发展，使中国在科技创新方面更具竞争优势，培养和造就出更多的科技创新人才，使中国在现代化道路上能走得更长远、更健康。

为实现上述目标，一方面需要提高专业科学研究队伍的水平，发扬理性思考、刻苦钻研、求真求实、勇于创新的科学精神；另一方面也需要增强和培育整个社会的公众科学素养，造就学科学、爱科学，支持创新、尊重人才的文化氛围。这套"中外科学家传记丛书"的编辑和出版，就是出于这样的考虑。

通过阅读和学习科学家传记，一是可以更深刻地理解科学家们特别是那些在重大历史转折关头做出了伟大贡献的科学家的科学思想和创新方法，二是可以更鲜活地了解到科学家们的科学精神和品格作风，三是可以从科学家们的各种成长经历中得到启发。

本丛书所收录的 200 多位中外著名科学家（个别其他学者）的传记，全部都来自中国科学院 1979 年创刊的《自然辩证法通讯》杂志。该杂志从创刊伊始就设立了一个科学家人物评传的固定栏目，迄今已逾四十年，先后刊登了 200 多篇古今中外科学家的传记，其中包括文艺复兴时期的欧洲科学家、远渡重洋将最初的西方近代科学知识带到中国的欧洲传教士，当然大部分都是现代科学家，例如数学领域的希尔伯特、哈代、陈省身、吴文俊等，物理学领域的玻尔、普朗克、薛定谔、海森伯、钱三强、束星北、王淦昌等，以及天文学、地学、生物学、计算机科学和若干工程领域的科学家。值得指出的是，这些传记文章的作者，大都是在相关领域学有专长的专家学者。例如：写过多篇数学家传记的胡作玄先生，是中国科学院原系统科学研究所的研究员；写过多篇物理学家传记的戈革先生，是中国石油大学的物理学教授；此外还有北京大学、清华大学、上海交通大学、中国科技大学等多所国内著名大学的教授，以及中国科学院、中国医学科学院和中国科技协会等研究机构的专家。所以，这些传记文章从专业和普及两个角度看，其数量之多、涉及领域之广、内容质量之上乘、可读性之强，在国内的中外科学家群体传记中都可以说是无出其右者。

考虑到读者对象的广泛性，本丛书对原刊物传记文章进行了重新整理编辑，主要集中在如下几个方面：一是在总体设计上，丛书共分 30 册，每册收录 8 篇人物传记；二是基本按照学科领域来划分各个分册；三是每分册中的人物大致参考历史顺序或学术地位来编排；四是为照顾阅读的连续性，将原刊物文章中的所有参考资料一律转移到每分册的最后，并增加人名对照表。

当前，中国正处在从制造大国向创造大国转变、急需更多科技创新和科技人才的重要历史时刻，希望本丛书的出版对于实现这个伟大目标有所裨益，也希望对广大青少年和其他读者的学习生活有所帮助。

目 录

001
沃康松　人形自动机黄金时代的开创者

027
查尔斯·巴贝奇　计算机史上被误判的先驱者

051
乔治·布尔　现代信息技术的数学基础奠基者

071
诺伯特·维纳　控制论创始人

095
阿兰·图灵　近代计算机理论的创始人

121
杰克·基尔比　集成电路的开拓者

145
西摩·克雷　世界超级计算机之父

161
马文·明斯基 卓越的人工智能科学家

181
参考资料

185
人名对照表

沃康松

人形自动机黄金时代的开创者

沃康松

(Jacques de Vaucanson, 1709—1782)

沃康松是18世纪最为著名的人形自动机设计专家，他开创了"模拟式人形自动机"时代，并建立了"模拟式人形自动机"的设计标准。1738年，沃康松所建造的人形自动机"长笛手"在巴黎公开展出并引起轰动，它被视为世界上第一个实存的"安卓"。狄德罗在其所编的《百科全书》中，将"长笛手"视为"安卓"原型。1739年，沃康松公开展出了其另外两个"安卓"——"管乐演奏者"和"鸭子"。与此前的人形自动机（或依附于自动机的人形机械）相比，沃康松的自动机设计是基于"模拟"方法，即"复现"人类或动物的内部结构或生理过程，"模糊了机器与人、生命体与非生命体之间的界限"。在沃康松的影响下，西方世界出现了人类历史上第一个"安卓"制造热潮。此外，沃康松还成功地将其人形自动机设计方法应用到机械制造领域，发明了世界上第一台完全自动化的织布机，并对此后得到广泛应用的雅卡尔提花机的发明提供了直接的技术支持。

一、沃康松生平

沃康松于1709年2月24日出生于法国的格勒诺布尔，其父是手套工，母亲是天主教徒，父亲在沃康松10岁时去世。沃康松年幼时法国统治者为路易十四，加上战乱，特别是法国与西班牙之间的战争，导致了严重饥荒。

1715年，母亲将其送到耶稣会朱利学校接受教育，由于母亲经常带他参加祷告活动，小沃康松便有机会观察教堂中的机械物如钟表，并研究其内部构造、运作过程。尽管小沃康松必须参加宗教课程，但是他对机械设备兴趣非常浓厚，如当他看到一艘只完成船体建造的模型船时，便将其制作完成，并使其在学校池塘中穿过，"沃康松早期所有力图成为一个机械师的努力，都以某种方式与宗教相关。他可以在做祷告时观察钟表；其在耶稣会学校的数学老师是一个僧侣"。

1725年，沃康松来到里昂成为一个学徒，对于出身贫穷家庭的他来说，这是唯一可以继续从事机械研究的道路。他于1727年获得一个工作坊，并在一个贵族的赞助下建造自动机。但是，沃康松却受到了来自宗教的挑战。如1727年，为了迎接当地的一位行政长官，沃康松特地为其制作了一些可以为晚餐服务并清理餐桌的自动机。但是，出乎意料，同行的一位政府官员却认为这些自动机是对当时教义的背叛，并命令拆除他的工作坊。沃康松感受到了危险，借口患病返回到家乡格勒诺布尔。1728年，沃康松来到巴黎并在那儿停留了三年，在"皇家花园"参加了一些医学和解剖学课程，在那里，巴黎金融家塞缪尔·伯纳德给予了他很大支持。

1731年，沃康松前往鲁昂，遇到了外科医生克劳德·尼古拉斯·勒卡特和弗朗索瓦·奎斯奈。勒卡特鼓励沃康松建造用于医学研究的"人造躯体"，沃康松于1732年成功地制作了一个类似躯体。由于"人造躯体"无法为其带来金钱与社会地位，沃康松便在牧师让·科尔维的资助下转向自动机研究,并获得大量报酬。他于1735年回到巴黎,并成功地进入了上流社会。1736年,沃康松与法国富人让·马尔甘达成协议,后者同意为沃康松提供资助,让其制造自动机,作为回报,马尔甘拥有这些自动机三分之一的所有权。但是,沃康松却突然病重卧床四个月,据说正是在昏迷中,沃康松梦到了以安东尼·柯塞沃克所制造的雕像为外形、会吹笛的人形自动机。1737年,沃康松的第一个真人大小人形自动机——"长笛手"制作完成,并于1738年2月在巴黎圣日耳曼博览会公开展出8天,然后移至朗格维尔酒店。当时,参观门票为3个里弗,相当于一个普通工人的周薪,且每一次只允许10—15人参观,每天最大参观人数为75人。展出取得巨大反响,《法国信使报》在1738年4月的一篇报道中这样描述:"在大约两个月的时间里,整个巴黎都在怀着惊奇的心情欣赏着一个机械产品,这是最奇特的作品,同时也许是最令人感到心悦诚服的作品。"1739年,沃康松带来了另外两个作品——"管乐演奏者"和"鸭子"。这三个自动机为沃康松带来了金钱、名誉和社会地位,并结识了伏尔泰、博物学家布丰等社会名流。

1741年,沃康松将三台自动机卖给了三个里昂商人。之所以要出售它们,原因可能是:首先,沃康松不仅仅希望成为一个机械师或艺人,他试图获得更广泛的社会认同,而在那个时候,机械师被法国学术圈所轻视;其次,沃康松是一位爱国者,他希望利用自己的机械学知识为法国人民造福,如伏尔泰曾经说服腓特烈二世邀请沃康松加入其宫廷,但是沃康松拒绝了,他想留在自己的国家。不久，沃康松便从国王路易十五那里获得了新职位——丝绸生产督察，他们希望沃康松能够利用机械学知识来提升法国纺织业的竞争力。在那个时候，法国纺织业面临来自意大利皮德蒙特高原地区的激烈竞争，且已落后于英格兰。沃康松数次到法国当时的丝织业之都里昂进行调研，以图发现问题及获得解决之道。沃康松经过调研发现，如何高效地将丝从茧中抽出并缫成线以及缫线过程缺乏专业训练人员是问题所在。为此，沃康松一方面于1744年在里昂成立由皇家财政部支持的皇家制造厂，缫丝过程由受过专业训练的工人依据标准严格实施。另一方面，从1742年起开始推进纺织过程的自动化。但沃康松的做法侵犯了当地商人及自己经营店铺的劳动者的利益，他们举行了大规模的抗议活动。1745年，路易十五下令大赦，沃康松被迫逃回巴黎，在那里，他专注于发明更好的织机，于当年就开发出世界上第一台完全自动化的织机。1746年，沃康松成为巴黎皇家科学院院士。

在此后的几十年里，沃康松在位于莫泰因酒店的工作坊内，与助手一起，致力于发明有用的机械工具。1757年，沃康松在与狄德罗竞争皇家科学院副机械师职位时，成功击败后者。18世纪50年代，沃康松在欧布纳建立了一个丝织厂，实际上这是第一个现代意义上的工厂，它比理查德·阿克赖特在德比郡所建立的棉纺厂早了20多年。但是，沃康松的这家工厂于1775年倒闭。在生命的最后几年里，沃康松开始收集器械进行展出，并将其收藏，后又将大约300多件机械品捐赠予路易十六，这些藏品成为法国国立工艺学院的基础。

1782 年，沃康松去世，孔多塞侯爵在悼词中写道，沃康松的"创造性发明，不仅仅包括他的自动机，还包括他的一些'有用'工具，为此后那些开明人士提供了灵感"。

二、沃康松以前的人（或神）形自动机历史演变过程

沃康松以前的人形自动机，绝大部分是依附于其他事物（如钟表、机械石窟等）的机械人物形象，在这里需要指出：文章中的"人形"不仅仅是指"像人类"的机械形象（如国王、祭司、敲钟人等），还包含以各种"神"及"宗教中的耶稣、天使"等形象所出现的自动机。

人形自动机的历史甚至可以追溯到古埃及，普赖斯曾提到一个古埃及木制雕像（时间约为公元前 20—前 18 世纪），它可以发出声音，并能够用"神"（古代由祭司代替）的声音进行解释。

菲隆和海伦是古希腊最为著名的自动机发明家。菲隆在《机械原理手册》中便谈到了一些含有人形机械物形象，如水流控制自动机中机械人物，它是静止的，掌握水能否流出，发挥着软木塞的作用。海伦在《气体力学》和《自动机》中，也描述了一些含有人形或神形机械形象的自动机，如：（1）祭坛自动机中有两个举行献祭仪式的祭司，它们将水倒于祭坛使火熄灭（它们是静止的）；（2）喇叭手自动机：如果有气体进入喇叭手口中，喇叭便会发出声音；（3）大力神自动机：大力神赫拉克勒斯站在一个台子上，台上有苹果，如果有人捡起，他便会将箭射向蛇的口中；（4）自动剧场：剧场会移动，上有酒神巴克科斯和胜利之神，它们围绕祭坛移动，并

伴随着鼓和铙的声音旋转起舞。

随着罗马帝国的分裂，拜占庭帝国及阿拉伯世界逐渐将古希腊的经典文献引入东方，其中便包括菲隆和海伦的自动机文献。公元前 6 世纪初期的《时钟描述》便记载了加沙市集的一个自动机钟表，上有太阳神、森林女神等机械形象：太阳神雕像每 12 个小时便从左向右移动，大力神每小时敲鼓一次，狄俄墨得斯根据小数来响小号。而阿拉伯－伊斯兰世界的自动机制作专家加扎里，在《关于精妙机械设备的知识》中描述了 50 多个自动器械，机械人物形象多出现于其中（往往被称为"奴隶"，角色包括船工、赶象人、侍酒人、指时人等），它们是动态的，可以整体移动，或是身体的某些部位做出特定的动作（如划桨、倒酒、指时、奏乐等），且往往以人群方式出现，如：（1）机器人乐队，使用了可编程的凸轮，使演奏者演奏不同旋律与乐器，被认为是早期的可编程自动机，类似的还有"行船乐队"；（2）自动机钟表，如象钟，上有机械人物"写作者"，每半小时便会从左向右移动并抬起左臂，然后其左边的机械鹰吐出口中铜球，经过一条机械龙的下巴最终落下敲击铙钹，发出声音报时。但是，也有一个单体人形自动机"酒伴"，是第一个有记录的单体仿人机器人：它右手拿着高脚杯，左手持睡莲，国王用高脚杯喝酒时，会将剩下的一部分酒倒入"酒伴"的酒杯中，"酒伴"抬起酒杯并点头，动作重复几次之后，国王选择所要取笑的人，告诉他"酒伴"可以喝酒，当客人给其喂酒之后，"酒伴"便会将此前所有的酒洒在客人衣服上，使其成为嘲笑对象。

11世纪至13世纪,西班牙、意大利(特别是西西里)成为向西方世界传播古希腊文明的重要地区。特别是自15世纪起,越来越多的古希腊手稿包括海伦的《气体力学》引入西方,如15世纪贝萨里翁将其传播至意大利。依据里斯金的观点,最早的机械人物形象大多出现于教堂,以宗教主题表现,如机械耶稣、机械魔鬼等,"在15世纪晚期及16世纪早期,在欧洲大陆,通过机械(耶稣、天使、恶魔图像)来说明事件的合法性,非常普遍且流行"。如1538年,英国宗教改革前期,鲍克斯利修道院展示了一个神奇的机械基督"恩典",可以展示哭泣、咬嘴唇、皱眉、微笑、口吐白沫、点头、低头向下、升起等动作,它是通过一条条丝线来控制的;法国迪耶普的圣雅克教堂,机械的"永生的主父"出现在教堂顶部,机械天使在他周围飞翔;1502年,法国图卢兹附近的拉巴斯坦镇,一个机械圣母由一群旋转的机械天使围绕,慢慢升空;1499年,威尼斯圣马可广场钟表中,有吹号角的天使、在圣母和孩子面前鞠躬的麦琪等。

自16世纪,含有动物、人、神形象的自动机开始在世俗世界(如市政厅、贵族庄园或市政钟楼)流行。如1560年左右,查尔斯五世让钟表匠图里诺为其制作了一个机械修道士,约16英寸(1英寸=2.54厘米)高,可迈步,举起十字架,眼睛、头可以转动,嘴可开合。随着生理学的兴起,一些自然哲学家对人体构造进行研究,设计具有人形外貌及机械原理特征的单体人形自动机,如于1495年研制了一个机械骑士,头部可以移动,嘴巴可以开合,并可以完成挥臂、坐立等动作。此外,机械石窟也非常普遍,法国工程师考斯描述了许多机械石窟，具有代表性的是 1615 年的加勒提阿石窟：维纳斯坐于大贝壳之上，其后是一个坐于石头之上的独眼巨人，吹着排箫；绵羊从四面八方出现。这一石窟由两个水轮驱动，由两个水管喷嘴控制，管子通过一个平衡机构交替开合，推动水轮、滑轮做出特定运动。

三、沃康松人形自动机设计的范式转换

1738 年 2 月，沃康松的第一个人形自动机"长笛手"在巴黎圣日耳曼博览会首次展出并取得巨大成功。"长笛手"如真人大小，可像真正的音乐家一样吹笛，连续演奏 12 首曲子。巴黎科学院院长也对它感兴趣，并让红衣主教弗勒里去参观。1738 年 4 月，沃康松造访了巴黎科学院，展示了这一人形自动机，并向巴黎科学院提供了备忘录"关于一个自动机运转机制的描述"来解释设计细节。1739 年，沃康松展示了另外两个自动机——"管乐演奏者"和"鸭子"。"管乐演奏者"可演奏大约 20 首不同曲调；而"鸭子"则更加神奇，可模拟自然鸭子的进食、消化和排便过程。弗朗索瓦－玛丽·阿鲁埃在诗《人类的灵魂》中写道："勇敢的沃康松，普罗米修斯的对手 / 似乎能够模仿大自然的力量 / 从天堂取火，并使它的身体动起来。"

沃康松的自动机有自己的特点：

1. 从外部功能展示到模拟的技术设计范式转换

沃康松此前的人形自动机（或是说 18 世纪 40 年代以前的人形自动机），主要采取"外部功能展示"模式，即强调机械人物（或

机械"神")能够模仿人的某些外部身体动作,使其从外观看起来像人或"神"。这种模式具有如下特征:(1)不涉及人的内部身体构造及生理过程,或是说它并不能够使机械人物或机械"神"模仿自然人的内部生理机能,在外部动作(果)与内部身体机理(因)之间,无法使观众形成一种联想;(2)从学科基础角度讲,往往仅涉及机械学、液体力学,与生理学无关。这些自动机往往以菲隆和海伦的设计为基础,通过水和火驱动,用虹吸管来输送液体,以圆柱体、平衡物及滑轮作为机械装置;(3)外部动作较为简单、僵硬,如摇头、点燃祭坛、挥臂、倒酒、指示时间等,主要动作部位为头、眼、手臂、手腕等(不涉及手指、面部各器官的相互配合、胸、肺等),无法形成对自然人动作的精确复现;(4)主要作用是娱乐或装饰,与人体研究(如解剖学、发声学)无关。

而与之不同,沃康松的自动机则是基于模拟方法。模拟意味着使自动机还原人类或动物器官的组合方式及功能,甚至是生理过程。莫兰曾将沃康松视为"模拟之父"。沃康松的自动机不仅仅是使自动机的外部动作看起来与人类或动物相似,而且是基于人体或动物的内部构造及功能机理来实现其外部功能,也就是说,沃康松试图"复制"人类。如"长笛手"不是像以前的音乐自动机那样在里面安装音乐盒,而是像自然人一样用"气"来吹动笛孔发出声音,它有自己的"肺"(风箱),甚至有人使用自己的笛子来测试它,同样可以演奏成功。这种模式的特征包括:

(1)从外形尺寸层面看,沃康松以前的机械人物的尺寸大小与自然人相差较大,往往体积较小,难以给人以自然人的感观刺激,如加扎里烛灯上的机械人物高约为 14.5 英寸，另一个手拿鱼和酒杯的机械"奴隶"，高约为 36 英寸；而沃康松的"长笛手"高约 6.5 英尺（1 英尺 =12 英寸 =0.3048 米），"管乐演奏者"也如真人大小。

（2）从机械实体的独立性层面看，沃康松的人形自动机是单独、独立实体；而此前的人形或神形自动机往往是其他机械物（如机械钟表等）的一部分，且采用同一场景多个机械人物或机械"神"方式，缺少一种独立的"个体人"意蕴。

（3）从动作模仿程度看，沃康松的自动机能够更细腻地展示人或动物的动作，如其"长笛手"可以模仿人的"口吹气""手指移动""口腔及唇的移动""笛子随曲调移动"等动作；"管乐演奏者"可以精确地演奏两种乐器——小鼓和管乐，这是"外部功能展示"模式所无法实现的。

（4）从学科基础来看，沃康松的自动机设计是机械学与解剖学、生理学的结合，"毫无疑问，这是人体解剖学的发展，尤其是神经系统的解剖，这引导着沃康松的机械制造过程"。

2. 从神性依附到机械世界观的文化范式转换

沃康松之前的人形或神形自动机，具有"神性依附"特征，主要是指：这些人形或神形自动机往往负载着特定的文化和宗教内涵，其"自我运动"被神秘化，如古埃及的"会说话的脑袋"便是为了使人们相信神的灵魂存在其中。特别是在基督教世界，它们成为一种展示宗教文化、保持宗教特殊社会地位的文化符号，在机械学知识缺乏的条件下，这些自动机所具有的"自我运动"特征与宗教神秘地结合在一起，"这些机械圣像——赋予教堂生气的机械耶稣、圣母、永恒的父、天使、魔鬼——在中世纪的天主教世界里，观众在面对它们时并不能非常清楚地区分哪些是物质，哪些是精神，哪些是世俗，哪些是神圣"。如肯特郡的机械基督"恩典"，它的各种动作及表情也被教众描述为神的旨意，且每当复活节，便会有大量朝圣者朝拜这一"神的化身"。

而沃康松所依随的是机械论世界观，他力图将此前自动机所蕴含的迷信、神的崇拜等非理性因素排除在外。实际上，随着文艺复兴运动的兴起及宗教改革运动的推进，在意大利、德国等地，人形自动机的世俗含义得到强调，但在英国、法国等地，采用自动机方式复现"人"依然是禁忌，"动物，至少是其最高形式的人类，只属于神的艺术。只有上帝，或是比人类更高级的事物，才可以制造人工生命"。而随着近代哲学和科学的兴起，笛卡儿、牛顿等所提倡的机械世界观逐渐成为近代社会的最重要的文化要素之一，他们将人体比作一台机器，认为"人的身体仅仅是一座用土做成的雕像或机器"。

沃康松的人形自动机则顺应了笛卡儿哲学，试图说明：人类和动物的身体并非是超自然事物，或是"巫术"，它们的结构、功能可以通过机械学知识来加以设计和模拟，"它们将作为观众的劳动者、哲学家、国王等所关注的哲学问题戏剧化，即人或动物的功能本质上是否可以通过机械的方式展示出来"。沃康松的三个自动机为笛卡儿的观点提供了一种物质实体，证明其关于整个世界（包括人类身体）都是机器思想的正确性。实际上，在沃康松所生活的时代，用机械方式复现人体依然是一种禁忌，如1727年，为了迎接当地行政长官，沃康松特地为其制作了可以为晚餐服务的自动机，但却被认为是对神的"亵渎"，因为"将人比作机器是不可接受的"。

实际上，沃康松建造人形自动机，与当时机械学与医学、解剖学逐渐结合这一历史背景紧密相关。当时，从笛卡儿到拉美特利，关于机器与医学之间的关系引发了广泛好奇心，机械师与外科医生力图通过自动机器来模拟人体的功能，如博雷利谈道："自动机似乎与动物之间存在着一些相似性，因为它们的可移动的、有组织的身体都遵循着机械学定律，同时也都可以通过自然力来驱动。"1739年，沃康松曾经的老师乐·凯也认为，"从自动机中你可以看到其如何遵循机体整体的功能"。正是在这种背景之下，沃康松开始从事建造机械躯体和人形自动机的事业，试图基于人体功能机理、结构形式，以机械的方式对其精确模拟，"沃康松的自动机跨越了许多边界，并可被视为是启蒙的象征"。

四、三个自动机的具体设计及工作原理

在具体设计中，沃康松的模拟式自动机是基于人体结构与功能（如肺的呼气吸气、嘴唇开合、手臂转动、胃的蠕动等）来实现特定动作，他曾经详细描述"长笛手"如何模拟人体："通过小杆运动来加大'长笛手'嘴的张开程度，从而模仿自然人张开嘴巴发出低音这一动作；通过小杆将'长笛手'嘴唇后拉，模仿一个人将嘴唇外移、从长笛口移开的动作；通过小杆使风从风箱中吹出，模拟自然人通过胸部肌肉的挤压，将气体从其肺部中吹出这一动作。"

1. 沃康松人形自动机的前期技术积累——建造动态人工躯干

沃康松的人形自动机建造事业始于其人工躯体研究，沃康松的解剖学知识和设计动态人体躯干的经验，对其自动机设计起着重要作用，"毫无疑问，这是人体解剖学的发展，尤其是神经系统的解剖，这引导着沃康松的机械制造过程"。人工躯体主要用于解剖学教学和研究，它是一种动态机械装置，可模拟人体的某些功能，相对于传统的、以尸体为标本的自然解剖学，动态的人工躯体可以"尽可能如实地复制人类或动物的器官功能"，如血液流动。

1731 年，沃康松在鲁昂遇到了法国外科医生乐·凯，在那个时候，乐·凯对以机械方式来复制人体结构和功能非常感兴趣，用此证明其放血理论。乐·凯对沃康松制作动态人体躯干起着非常大的影响，"对于沃康松来说，通过传统方法获得解剖学知识，即通过对尸体的经验性观察及解剖……是不充分的，应该通过一种工作模型或逼真的机械模拟来弥补其不足"。1732 年，沃康松成功地制作了一个动态人工躯干，他这样描述：一个具有自运动功能的物理机器，它包含有许多自动机，能够通过火、空气及水的运动来模拟许多动物的自然功能。

由于制作动态人体躯干主要用于医学研究或教学，受众较小，难以带来收入，沃康松便将注意力转向人形自动机。当他的三个自动机获得成功后，路易十五便让沃康松负责一项解剖学工程，即建造一个可模拟人类血液循环的人体机器。但由于此后沃康松被委任为丝绸生产督察，这一工作中断。但沃康松从没有完全放弃这一工作，1741 年，当沃康松在里昂视察丝绸制造时，他向里昂科学院提交了一份"人体躯干"建造计划，沃康松这样描述："建造一个人形自动机，使其能够通过自己的运动来模拟动物的功能，如血液的循环、呼吸、消化，以及肌肉、肌腱和神经的组合等。"但这项工程过于复杂，且沃康松期望值过高，最终没有付诸实施。20 年后，沃康松试图建造一个基于循环系统水力模型的动态躯体，由火生热驱动，使液体和空气在橡胶管中运动，以模拟人体器官功能。

2. 第一个人形自动机——"长笛手"及其工作机理

"长笛手"高约 6.5 英尺，放置在一个木制方形底座上，主体为木质材料，只有手臂用硬纸板制成。它模仿了夸瑟沃所制作的、位于杜伊勒里花园入口处的雕像。"长笛手"有柔软的舌头、嘴唇和手指，盖住长笛孔的地方是皮革，以使笛孔柔和。

"长笛手"由重物来驱动，其内部有一套可以使手指、嘴唇、长笛移动的机构，并结合一套风箱系统将不同强度的空气吹入"长笛手"口中，从而使长笛发声。这套机制可以分为两套装置——底部传动装置和上部传动装置：

（1）底部传动装置，即风力（"肺部"）控制系统。底部传动系统会产生吹长笛所需的空气，并可决定吹气压力的变化，是一套模拟人的肺部呼气的装置，主要通过风箱及曲柄来控制：①风箱部分。风箱共有 9 个，6 个位于基座的底部，3 个位于曲柄上部，每 3 个风箱构成一个小单元（其所产生的风通向一根管子），3 根管子相互独立，并在"长笛手"胸部合为一体，并经过喉咙，通过一个小腔进入"长笛手"口中，最后在嘴唇处（压在长笛孔上）

结束。②传动装置部分。位于基座右侧有一个运动机构（由几个轮子构成），以重物（用脚踩动）激发，转动一个含有6个曲柄的轴（约2.5英尺），曲柄间隔相等。曲柄形状不同，均连接一根绳子，缠绕在一双滑轮上，绳子端部与9个风箱上部小板关联：当轴转动，拉动绳子，通过滑轮拉动一根处于风箱上部小板的杆，使风箱开合。由于曲柄形状不同，从而产生不同体积和强度的空气，进入连接着它们的管道中。③风力强度。基座下部右边的3个风箱，每个会产生约4磅（1磅=0.4536千克）的力；而左边的3个风箱，每个产生约4磅的力；最后3个风箱，其所产生的空气压力最小，其重仅相当于风箱上部小板的重量。④风力开合控制机构。在喉咙处小腔中有可移动机关，可开闭通向舌头的管子。

（2）上部传动装置，即"身体移动"控制系统。这是一套模拟人的手指、嘴唇，以及长笛移动的机构，其构成为：①一个带有小件的圆桶，均分为15个部分，每部分含有一个提升件（距离均为1.5英寸）。②一套由15个小杆所组成的键架，位于圆桶上部，杆的一端与圆桶上的提升件相连，杆的另一端由钢丝固定，并连接到"长笛手"的手指、嘴唇、风容器。③有3根钢丝与通向胸部的风容器相连，钢丝末端与风容器阀门相连；与手指连接的钢丝有7根，其中4根控制右手手指，3根控制左手手指，钢丝被拉动时，手指便上升；与嘴部相连的钢丝为4根，钢丝通过脖子，到达嘴巴，最终与嘴唇相连，可完成四种动作：第1根钢丝使嘴唇张开，形成风流；第2根钢丝可以使嘴唇更加接近；第3根钢丝可以将嘴唇往后拉；第4根可以使嘴唇到达笛孔边缘处。④圆桶上有小件，与圆桶上的提升件连接，小件的形状、位置、长度与圆桶上提升件之间的距离，可以定"长笛手"的手指、嘴唇、舌头的位置变化、时间长短以及风力的性质，从而形成特定的音乐曲调。⑤这套机构由一个转动轮驱动圆桶进行。

（3）程序控制系统，即"发音"机制。圆桶轴右端是一个螺丝状物，其上缠有一根长约 1.5 英寸的线，它可以使圆桶旋转 12 圈。圆桶的 15 个部分自左至右形成一种螺旋式前进路线，这便意味着，（连接手、嘴唇等的）杆（及钢丝）与圆桶上提升件接触的每一个点都是不同的，不会重复。最终，在钢丝的拉拽下，与之相连的嘴唇、手指等将根据特定的程序（即放置不同形状、不同位置的小件）完成所设定好的动作，并发出相应的声音，如：① D 音调发音机制。首先，将一个小件置于连接到口部的小杆之下，使嘴唇以更大程度张开；然后，将一个小件置于可以将风容器阀门打开的小杆之下，使风箱所产生的风通过；最后，将一个小件置于能够使舌头运动的小杆之下。如果这些动作持续进行，便可以发出 D 调。② E 调发音机制。在 D 调的基础上，增加一个可将"长笛手"右手第三根手指提起的小件，使第五个笛孔打开，并使嘴唇更加接近笛孔。③ 双倍频发音机制。将一个小件置于可将嘴唇推到笛孔边缘之外的小杆之下；然后设置一个可使两嘴唇更加接近的小件；最后，将一个小件置于可控制 2 磅风力的风容器阀门的小杆之下。④ 三倍频发音机制。将嘴唇推向笛孔使孔径更小，设置一个可控制 4 磅风力的小件，较强的风压及较小的孔径可使风速增加，形成三倍频。

3. 更为复杂的设计——"管乐演奏者""鸭子"及其工作机理

在设计出"长笛手"之后，1739年，沃康松带来了另外两个自动机——人形自动机"管乐演奏者"和"鸭子"。其中"鸭子"最著名，"它是你所能想象的最令人惊奇的事物，一件几乎超越人理解范围的人类作品"。

（1）"管乐演奏者"的结构及工作机理

"管乐演奏者"如真人大小，站立于基座上，是一个普罗旺斯牧羊人形象，可演奏大约20首不同的曲调。它可以精确地演奏两种乐器：一只手持管乐，管身有三个乐孔；管乐右边是面小鼓，由另一只手持小棍敲击，小鼓的敲击与管乐保持曲调一致。沃康松对"管乐演奏者"演奏过程及机理解释较少，他只强调包括许多杠杆和不同类型的发条。

"管乐演奏者"与"长笛手"在很多方面类似，但前者更为复杂，设计难度更高：首先，它需要演奏两种乐器（管乐与小鼓）；另一方面，管乐的演奏更加困难，因为其孔径固定，且只有三个孔，因此所有音调变化必须由风力的细微变化来控制。在制作过程中，需要对管乐及小鼓所可能发出的所有频段及音调变化进行分析，"我必须给管乐不同的风力，其风速变化甚至连耳朵都无法跟得上其节奏……每一个音符，甚至是半音符，都必须演奏出来"。沃康松指出，要发出"上B"调（最高音调），"管乐演奏者"需要胸部肌肉发出56磅（1磅=16盎司=0.4536千克）的力；而要发出最低的E调，胸部要发出1盎司（1盎司=28.3495克）的力。

沃康松还发现，管乐在演奏过程中所需要的风压范围比人们预想的要大，且一个重要的科学发现是，特定音调所需的风压受它前面音调类型的影响，如：相比吹奏 C 调后面的 D 调，吹奏出 E 调后面的 D 调，其所需的风压是前者的两倍，原因在于，音调越高，其泛音共鸣越强。但这一发现在很长时间里都没有为人所关注，直到 1860 年，亥姆霍兹才较为完整地解释了泛音原理。

（2）"鸭子"的结构及工作机理

"鸭子"由铜镀金构成，在制作其之前，沃康松对活物鸭子进行了仔细研究，它可以模仿自然鸭子的每一个动作，如拍打翅膀、喝水、溅水、被激怒等，甚至是消化过程，这是世界上第一个可模拟生物生理过程的自动机，"这一人工鸭子将玉米吃进嘴里，吸入胃中，在那个狭小的空间里进行化学反应，分解出食品中不必要的部分，将之挤入管子之中，最后从鸭子身体的另一端排出"。

鸭子由一个缠绕在圆柱体上的重物驱动，圆柱体上面是一个更大的圆柱体，由小圆柱体驱动。大圆柱体上有许多凸轮，这些凸轮可以激活由 30 个杠杆组成的系统，杠杆会连接到鸭子身体的不同部分，从而形成各种不同的运动。所有的轮子、杠杆、绳线均通过腿部与身体的其他部位相连。消化过程是通过相互连接的管子进行的，食物会进入肛门，肛门中有类似括约肌之类的材料，将废物排出体外。为了制作鸭子的肠，沃康松使用了弹性橡胶管，这一材料被认为是历史上第一种与其类似的物质。沃康松在给方丹的一封信中说，自然鸭子的每一个细节几乎都可以用人工方式进行模拟，一只翅膀的运动部件便达 400 多个，可以模拟三类骨头的运动：第一类是翅膀中肱骨的运动，其旋转运动与自然的肩胛骨非常类似；第二类是翅膀中肘骨的运动，它与肱骨一起作用，由一个可被称为屈戌关节的部分进行驱动；第三类是桡骨运动，其端部固定在翅膀翼一端，可以在肱骨小腔中进行转动。

  关于"鸭子"是否真的可以像自然界鸭子那样消化，沃康松的语言是模棱两可的。一方面他解释说这一消化过程"复制于自然"，就像是"真正的鸭子"。另一方面，他又解释说，"我不想把这看作一个完美的消化过程"。实际上，沃康松想展示的是，动物机能可以通过机械的方式模拟出来，不属于造物主或超自然的东西，"与那些位于里昂、斯特拉斯堡的精美的、由发条所驱动的公鸡没有什么区别"。随着时间的推移，人们开始怀疑"鸭子"消化过程的真实性。1783年，一位观察者仔细观察了它的消化过程，发现食物并没有进入胃，而是被放置于鸭口底部。巴黎科学院终身秘书孔多塞在给沃康松的悼词中写道："这不是沃康松的错……自然界功能的运行方式是沃康松所不能模拟的。"

五、从人形自动机设计到全自动织布机的发明

  1741年，沃康松被任命为法国的丝绸生产督察，为了提升法国纺织业的竞争力，他将自己的机械学知识及自动机设计经验及理念（如人形自动机设计过程中的"全自动"理念、织机运动与人体动作的相似性等）运用到自动织布机的设计过程之中，实现了由工匠（自动机设计者）到工业技术发明者的角色转换，"1745年的自动织布机……是沃康松三个自动机的近亲，它们都由巴黎工匠（沃

康松）建造，且工作原理类似"，1745 年发明的世界上第一台完全自动化的织布机，他将其形容为："即使是马、牛、驴，都可以利用这一机器，织出比当时最聪明织工（织得）都要漂亮和完美的绸布。"

雅科曾说，"长笛手"与沃康松织布机在工作机制上有很多相似之处：（1）两者都可以进行无限重复的机械运动；（2）都拥有控制各部件进行特定运动的程序；（3）"长笛手"的圆柱体上有小件从而控制其运动，而在织布机上则有穿孔纸带，来控制经纱的运动。

沃康松全自动织布机使用了源自鲁修和法尔孔的穿孔纸（卡）带及横针系统，来控制经纱与纬纱的连接，实现织物样式和图案的自动编织（注：1725 年，里昂工人鲁修引入了缠绕于有孔圆桶之上的穿孔纸带以及一排横针，通过孔的有无及排列组合来控制经纱与纬纱的连接与否，从而实现了纺织过程自动化。实际上，这一系统与自动机技术也有着渊源，因为鲁修的织布机运用了音乐自动机上的"钉桶"思想，而他的父亲是一个乐器匠，因而他对于"钉桶"应该非常熟悉，他应该知道圆桶上的钉的位置、形状，包含着能够控制音乐自动机发出特定音乐的信息。与之相似，通过将含有特定孔的排列组合的纸带，并将其缠绕于有孔圆桶上，便可以将纺织图案信息附着其上，通过控制经纱与纬纱的连接，来实现特定纺织样式）；另外，这一织机在设计上具有很多独创性因素，如将挂钩系统置于织机顶部，从而实现（像"长笛手"等自动机的）完全自动化；其梭子系统也非常独特，使用两个模拟人手一样的夹具，使梭子能够来回（像手递手一样）传递。具体来讲，沃康松全自动织布机的核心要素包括：

1. 沃康松全自动织布机的编织系统

沃康松全自动织布机编织系统包括两个核心要素：（1）按行排列的针（两行），每一个针末端都包括有一个曲钩，它以直角方式穿过相应的针眼，并挂起一个可以将经线提起的小绳；（2）连接在一起的穿孔纸带，缠绕在一个上面含孔的圆桶上（直径约12英寸）。不同的纺织图案被设计成纸带上不同小孔的组合，而诸多穿孔纸片连接在一起，从而形成特定纺织图案的信息。当用手按压穿孔纸带时，纸带上的小孔，连同曲钩系统，将决定经纱与纬纱是否可以连接在一起：当针所碰触到的部分是纸带上的无孔部分时，针便向前，与之相连的曲钩不会翘起，经线则保持在原位；相反，当针与穿孔纸带上的孔相遇时，便滑进圆桶中的孔内，而相应的曲钩翘起，曲钩所挂住的经线同样翘起。

2. 沃康松全自动织布机的梭子系统

沃康松全自动织布机的一个创新是梭子系统，它与约翰·凯于1735年发明的飞梭不同。飞梭系统是推动梭子使其在木板上来回移动；而沃康松的梭子系统由两个固定在木制载体上的夹具构成，这一载体通过直线往复运动，使梭子在经纱层上来回移动，这与人的双手传递东西相似。

3. 沃康松全自动织布机的自动化系统

区别于鲁修和法尔孔，沃康松全自动织布机的关键特征是：他将挂钩系统集中置于织机顶部，从而省去了相应的重物和钩线系统（如滑轮箱、尾绳），实现了纺织过程的完全自动化。例如，要确保织机正常工作，沃康松全自动织布机只需一个曲柄操作人员转动曲柄，便可带动其他所有部分。而如果使用动物或水力系统，除了更换穿孔纸带圆桶外，织机可以完全实现无人操作，而法尔孔织机则需要两个工人来管理。

但是，沃康松的全自动织布机并没有被市场所接受，"最终被放置在法国国立工艺学院的阁楼中"。原因是多方面的，如其不能处理复杂图案，但从根本上讲，这源自沃康松对自动化的过度追求。沃康松是一个技术完美主义者，这与其前期的自动机制造有着密切的关系，自动机强调动作的程序性、连续性、无人化，然而当将这种技术价值移植到工业体系当中时，会面临诸多因素，如成本控制、与现有工业体系的相融度等因素的挑战，它太过于超前，难以被纳入当时的纺织体系之中。可以说，沃康松由工匠角色向工业技术发明者及工业管理者角色的转换并不成功。但是，这一全自动织布机却为雅卡尔发明其"雅卡尔提花机"提供了直接经验，后者弱化了"完全自动"理念，通过有限的改进，使织机与当时的纺织工业体系更好地融合在了一起。

六、沃康松模拟式人形自动机设计范式的传播及影响

沃康松的三个自动机在自动机发展史上扮演着不可替代的角色，它们成为人工生命这一新科学的重要标志，引发了人类历史上第一次"安卓"设计热潮（自 18 世纪中期至 19 世纪中期），"沃康松的成功掀起了一场名副其实的、持续了一个世纪的自动机热潮"。

这三个自动机曾在欧洲的许多国家和地区公开展出，如 1741 年

沃康松将其自动机出售给三个里昂商人，此后他们带着这三个自动机在许多国家展出，如1742年在伦敦，最远到了圣彼得堡。此后，手套制造商迪穆兰获得了这三个自动机，自1746年开始，他走遍欧洲公开巡展，如1746年冬在法兰克福，1747年在汉堡，1752—1753年在纽伦堡。瑞士钟表匠里奇斯汀还模拟沃康松，重新建造了一个新"鸭子"，但工作原理不同。

在这一过程中，沃康松的自动机影响了许多钟表匠或工程师，其基于模拟方法来设计"安卓"的方法，成为此后"安卓"设计者的技术标准。在当时作为世界钟表制作中心的德国和瑞士，涌现了许多著名的"安卓"发明家，甚至巴贝奇在发明其差分机的过程中，也受到当时的人形自动机设计的影响。如1760年，德国制表匠弗里德里希·冯·克劳斯为神圣罗马帝国皇帝弗朗茨·斯蒂芬设计了一个人形的书写自动机，这是历史上第一个具有文字书写功能的"安卓"；1774年，瑞士钟表匠杰奎特·德罗兹父子制作出三个"安卓"："作家""绘图人"和"羽管键琴演奏者"，这也是沃康松之后最著名的"安卓"，其中"作家"被认为是现代意义上的第一台可编程机器，可最多写出40多个字符。很明显，他们在制作这些"安卓"时受到了沃康松的影响，"当皮埃尔-杰奎特·德罗兹17岁时，沃康松的'鸭子'正在欧洲巡回展出，他的工作受到了沃康松'鸭子'自动机的影响。最后，他开始设计自己的自动机"；1784年，德国钟表匠伦琴等设计出"扬琴演奏家"；1810年，来自德勒斯登的乐器制造商考夫曼制造了一款"吹喇叭"的"安卓"，可用两种声音演奏曲调。

这些基于沃康松模拟方法的"安卓",其外形、功能更像人类,动作也更加自然,并被赋予了更多社会、文化、情感内涵,社会礼仪、人与人之间的互动准则等也被纳入"安卓"的动作设计过程之中。如德罗兹父子所设计的"羽管键琴演奏者",在演奏时,其胸部的起伏与音乐旋律相呼应,眼睛的移动与音乐相呼应,其凝视动作表达着对观众的期待,在演奏结束后它还向观众鞠躬,期望获得赞扬,"它好像在感受自己的音乐一样";"作家"在写字时还会做出吹掉纸上的粉末这一动作。德罗兹父子力图赋予这些人形自动机以情感、文明、优雅,这与当时启蒙欧洲的"情感"社会是相符合的,"这种在社会关系中培养与分享情感的努力,是当时启蒙欧洲'情感'时代所追求的目标的一部分"。甚至在这一时期,拥有"智能"和"互动能力"的"安卓"也被设计出来,匈牙利工程师沃尔夫冈·冯·肯佩林于1769年设计出"下棋"人形自动机"土耳其人"。"土耳其人"可以达到专业棋手水平,曾经打败过普鲁士国王腓特烈大帝、拿破仑和查尔斯·巴贝奇。更令人惊奇的是,它还可以纠正错误棋步。但是,多年以后,人们认为"土耳其人"所谓的"智力"是虚假的,巴贝奇认为,一定是有一个小矮人(或腿部残疾人)藏在"土耳其人"前面的柜子里操纵棋局,但这种"互动式""安卓",为人们扩展关于机器的想象力、反思机器与人的关系提供了新的载具。

沃康松制造的"安卓"及此后的各种"安卓"是传播机械世界观的重要工具。因为作为上帝创造物的人——这一一度被视为是最复杂、最神秘,甚至是禁忌性的事物,如果能够通过机械的方式加以模拟,便可以被视为是机械论哲学的关键性突破,它们证明笛卡尔关于整个世界(包括人类身体)都是机器的这一思想,正如笛卡尔所说,"当你被那些最强大的机器、最不寻常的自动机,以及人类聪明才智所设计的最令人印象深刻的奇迹和最精妙的技巧所惊叹时,我将向你揭示它们背后的秘密,是如此的简单和直接,以至于你将不再有理由将人类所创造的任何事物神秘化"。康明秀在谈及沃康松的自动机时曾经说过,虽然沃康松之后,人们设计出了更复杂、更像人类的人形自动机,但均未达到沃康松所获得赞誉的高度,原因之一便是,沃康松的自动机是证明机械论哲学的第一个实体,它所带来的冲击是前所未有的。

(作者:王彦雨)

查尔斯·巴贝奇

计算机史上被误判的先驱者

查尔斯·巴贝奇
(Charles Babbage, 1791—1871)

20世纪40年代问世的第一台真空管电子计算机主要设计师、美国哈佛大学计算中心的霍华德·艾肯在校园偶尔看到一台19世纪留下的自动化机械计算机模型,不禁为之一震:假如这位发明者活到今天,我肯定会失业。这位发明者不是别人,正是维多利亚女王时代英国著名数学家,计算机史上被误判的自动化计算机的伟大开拓者,将英国科学衰退归咎于政府政策无能的剑桥大学风云人物、科学体制化的促进者——查尔斯·巴贝奇。艾肯目睹的那台模型是由巴贝奇之子亨利·巴贝奇按照他父亲设计的图纸制造并于1896年赠予哈佛大学的。

今日历史已表明这位发明者的创造性设计堪与19世纪最惊人的智力成就相抗衡,甚至从"科学革命"意义上可将他的名字与孟德尔并列。

一、初入剑桥园

1791年,查尔斯·巴贝奇出生在英国德文郡托特纳斯镇的一位银行家的家庭,自幼受到良好的家庭教育。进入学龄期后,父亲特地为他请来了知识渊博的家庭教师。酷爱读书的巴贝奇对周围事物有着强烈的好奇心,很早便表现出天才般的智慧。他在进入大学前未光顾过任何一家公立学校的大门。

1810年，巴贝奇考取了著名的剑桥大学，在三一学院学习。此刻他踌躇满志，为考取这样一所名牌大学而自豪，期望在这里学习科学以便来日施展这方面的才华。然而，入学不久他便发现，站在讲台上授课的老师所教的知识大多已为自己所掌握，有时老师甚至不及自己。他感到大失所望，不满情绪与日俱增，他开始言行越轨，无视校规，常常使老师难堪。尤使他不解的是对那些深奥的数学理论，他比那些老师懂得还多，他想知道这是为什么。

原来，19世纪早期，英国人讲授的数学还未超出牛顿时代的成就。英国人似乎为狭隘的国粹主义所陶醉，那场由牛顿与莱布尼茨为争夺微积分发明的优先权而引发的两大民族之争所残留的阴影此时还笼罩着英伦三岛，他们对莱布尼茨提出的并经法国数学家所改进了的微积分记号法仍弃之不顾。在剑桥和牛津这样的大学课堂上，讲授数学的老师仍沿用牛顿的"点"符号，所授内容仍然是17世纪的，而且这类老牌大学此时已成了培养律师和神职人员的场所，重心根本就不在科学。与培养出掌握若干科学领域人才的欧洲大陆国家大学相比，它们所培养出来的只不过是"受过良好教育"的"绅士"。

作为剑桥学子，巴贝奇从对老师的不满发展到对大学现行教育制度的不满。在同约翰·赫舍尔、乔治·皮科克结识后，他首先考虑的就是要扭转这一落后的状况，他们一致要求当局改革现行的教育制度，还向政府提出自己的主张。

为恢复剑桥大学的数学教学活力，巴贝奇与这两位伙伴一道创立了一个旨在把大陆数学介绍到英国的数学分析学会，巴贝奇建议将这个学会称作"为反对'点－主义'（点是牛顿用的符号），并拥护'd－主义'（d是莱布尼茨用的符号）而奋斗的学会"。巴贝奇为此撰写了一本书名很长并得到及时出版的书——《和大陆竞争对手立于同一基础的英国数学家们》。此举动在剑桥校园立刻引起一场轩然大波，但受到许多学生的欢迎。

这场运动一直持续到他们大学毕业以后。后来的历史发展表明：正是以巴贝奇为首的这个学生社团的推动，才把大陆数学介绍到剑桥大学中来。

初入剑桥校园的巴贝奇也为当时流行的各种数表错误百出而愤怒。这些由机械计算产生的数表不仅位数少、精确度低、距使用者要求相差甚远，而且各种数表堆积如山、冗长乏味，使用起来极为不便。从计算、打印到排版，每道工序都会出错，作为例证，当时有位科普作家从这些数表中随机抽出40本，竟查出3700处错误，有些还是印刷过程中出现的。依据这些数表会使会计人员在实际工作中出现巨额款项的差错，依据这些数表会使轮船在航行中迷失航向，或触礁，或搁浅。

巴贝奇既精通这些数表的制作程序，又是这些错误过分挑剔的分析者。他能从一些数表中一组相同的错误入手，追踪到这些数表的版次，推出这些错误是因未予校正而再版沿袭下来的。他曾同赫舍尔一道校对两份被"精心处理"过的天文表，两人都为这两份表之间出现的许多人为错误而惊诧不已。巴贝奇由此萌生了放弃天文学研制计算机的念头。

巴贝奇认为，计算机能够为逐项清除数表中所有错误来源提供手段。此时他设想的计算机与17—18世纪出现的简易的台式计算机不同,这种计算机不仅能进行准确计算,而且能按既定程序进行自动计算并将计算结果打印在穿孔纸带上或软件盘上,从而根除手工誊写和制版印刷过程中的错误。待打印的计算数据能够从软件盘上直接输出,由此而清除错误发生的每一次机会。

自此以后,研制自动化计算机的设想强烈地吸引着他。巴贝奇确信这是可行的,能够实现的。于是,从1812年起,他就开始构思这一发明计划。

二、研制差分机

1821年,在得到父亲的支持后,巴贝奇着手研制自动化计算机。

1822年,巴贝奇设计出实验模型,其时这项研究已耗费了那位银行家的大笔财产。巴贝奇决定向英国政府提出申请,寻求政府的财政资助,使自己接近这一目标。

1823年,英国政府决定支持巴贝奇这一发明计划,皇家委员会专门组织一个权威小组对他的申请进行审理,决定给予资助。当时政府对巴贝奇的发明方案表现出少有的热情。研制期间,还有一位资深的公爵和一位伯爵夫人前去探望。这使巴贝奇备受鼓舞。巴贝奇将自己研制的自动化计算机取名为"差分机"。他这样命名是因为这种计算机运用了数学上已知的有限差分原理,利用差分法可求出数学式的值。下面就是使用此方法给出 n 次方数表各项数值的例子。

现以 4 次方为例，令 $y=x^4$。一级差分由相邻两个 4 次方值相减得到（如 16−1=15）；二级差分由相邻两个一级差分值相减得到（如 65−15=50）；三级差分由相邻两个二级差分值相减得到（如 110−50=60）；循此程序可得到四级差分值。不难发现，四级差分等于一个常数（如 84−60=24）。一般地，n 次方的 n 级差分均为一个常数且恒等于 n 阶乘（$n!$）。若借用回归即逆向加法运算就能推出 4 次方数表的其他数值。差分法运算原理详见下表。

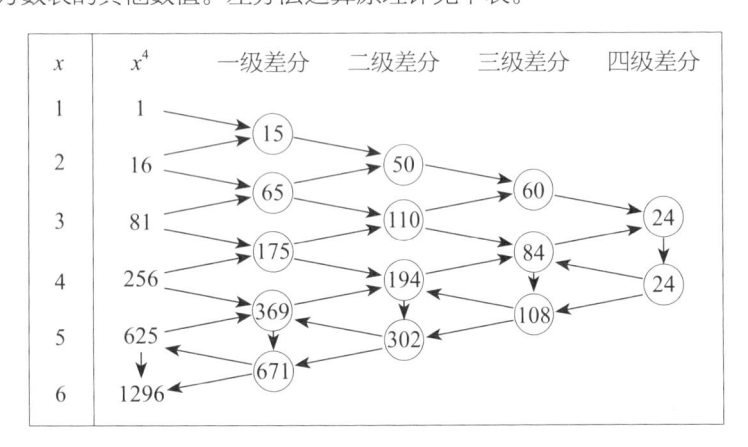

x	x^4	一级差分	二级差分	三级差分	四级差分
1	1	15	50	60	24
2	16	65	110	84	24
3	81	175	194	108	
4	256	369	302		
5	625	671			
6	1296				

现将回归加法运算解释如下：

由第一行四级差分值下移一行或称降位移行即可给出新一行四级差分值（24），然后将新的四级差分值与已知的相邻三级差分值相加就得出新三级差分值（24+84=108），再将此值与已知的相邻二级差分值相加就得出新二级差分值（108+194=302），循此程序可得出新一级差分值（302+369=671），最后将此值与已知的 5^4（=625）相加，就得出 6^4（=1296）。依此类推，即可得到 7，8，9，…，n 的 4 次方值。

巴贝奇还发现，差分法可运用于所有数学函数，因为它们总可以变换为多项式，一般形式为：$y=a_nx^n+a_{n-1}x^{n-1}+\cdots+a_1x+a_0$，且 n 阶多项式中的第 n 项的 n 级差分总归是常数，恒等于 $a_n \cdot n!$，特殊情况下，当 $a_n=1$ 时，此常数即为 $n!$，正是它构成了差分法的基础。

多项式常被用于表示物理学及工程学科中的若干关系。多项式还可用来求某些函数的近似值，如三角函数和对数函数，它们均可被展开成多项级数。

若将这一原理用于计算机上，那么这种计算机只要运用加法就足以给出多项式的连续值，至于乘除法很难进行机械操作，而且也是不必要的。既然函数值的每一步计算都是在前一步计算基础上进行的，因此只要前一步计算正确，后一步一定正确，依次连续计算就能给出最后的正确结果。

考虑到设计的经济，巴贝奇差分机使用的是十进制数字系统，而不是现代电子计算机通常使用的二进制数字系统。和早期出现的机械计算机采用的齿轮结构相似或受前人的启发，巴贝奇的差分机也采用了这种结构。十进制数字系统的每一组数字都被刻在每个对应的齿轮上，这种刻有数字的齿轮就是巴贝奇差分机所使用的数字轮。每项计算数值由相啮合的一组数字轮的旋转方位显示。差分机的控制装置保证只显示有效的多位数值。巴贝奇还夸下海口，声称他的差分机准能给出正确的计算结果，除非出故障，但它绝不欺骗人。

巴贝奇起初最雄心勃勃的计划是要制造一台实比的差分机。到 1830 年，他完成了这台差分机的某些部分，并将这台差分机称作

"差分机 1 号"。这项始于 1821 年的研制计划经十年努力，包括图纸设计、结构改进和元部件制造，到 1831 年不得不宣告破产。此间所耗用的经费是惊人的。究其主要原因是巴贝奇与他的得力助手也是该工程主要工程师约瑟夫·克莱门特就薪金支付和机器运行调整发生激烈争辩所致，从争论的形式上看，至少可以说技术不是其主要原因。直到 1834 年，《爱丁堡评论》还对这台差分机给予广泛而肯定的介绍。

差分机 1 号由基本的加法元件构成，这些元件按照差分程序累计计算从而使主机完成既定的运算任务。这台机器与 17—18 世纪问世的加法机相比，不仅具有首次为人所知的自动化计算优点，而且型号巨大，结构复杂，整个设计需要用 25000 个元部件。由如此之多的元部件组装起来的机器估计将高达 8 英尺，长达 7 英尺，宽达 3 英尺，重达数吨。花耗之大是可想而知的。到克莱门特于 1834 年向巴贝奇索取最后一笔薪金时，工程的总造价已达 17470 英镑。这在当时是极罕见的。作为比较，由约翰·布尔于 1831 年研制的蒸汽机火车头，其总花费也仅为 784 英镑。

研制期间，克莱门特对差分机 1 号工程所作的贡献是很大的。他完成了该机所需 25000 个元部件中的 12000 个，几乎占了一半，其中大量元部件是作为零散部件被锻压在一起的。克莱门特到 1832 年还为差分机 1 号自动化工作部件进行组装。这在当时来说不具有第一流金属加工技巧和组装技能的人是不能胜任的。有位技术史家曾就此作过评价：正因为巴贝奇对其差分机所使用的大量金属元部件的高精度需求才大大扩展了 19 世纪机械加工精度的极限，而且他认为即使从今天的意义上说，也是一项值得注意的成就。

英国政府最终于 1842 年终止了对这项工程的资助，部分原因是政府听取了乔治·艾利的劝告。其时，艾利是英国第一流天文学家，正是他断言巴贝奇差分机"毫无价值"。其实，巴贝奇差分机对银行家、导航人员、保险统计人员以及从事繁重机械计算的工作者来说是相当有吸引力的，当时确有一厂家愿意为巴贝奇生产差分机，并就此与巴贝奇讨价还价，而另一厂家则对日后改进了的分析机颇感兴趣。另一部分原因是无休止的耗资且巴贝奇又未能如期完成其发明计划，导致政府对他不信任。

差分机 1 号工程在失去政府支持后，最后不得不宣告破产，这在巴贝奇科学生涯中留下了不可弥补的创伤。巴贝奇还受到一个致命的打击是在他 36 岁那年，失去了全力支持他的爱妻和父亲，还有一子夭折。极度哀伤严重损害了他的健康。

三、新的尝试

差分机 1 号的运算能力虽然使人难忘，但它只能从事和完成一些简单的计算和固定程序的计算任务。作为计算机史上的先驱者，巴贝奇的声望在很大程度上取决于另外一种更加精密的设计，即具有多功能的分析机。

早在政府决定最后终止对差分机 1 号工程资助前的 1834 年，巴贝奇就意识到进一步设计出能进行任何程序运算的计算机的可能性，也就是说，依据任意给定指令的自动计算是可能的，巴贝奇将之称作"分析机"，又叫"解析机"。巴贝奇后来将此研究计划提交给政府，期望得到政府的再次支持。

起先，巴贝奇计划使他的分析机成为有多种用途、能按任何指定程序计算的机器，与现代电子计算机相比，二者在许多特征上有惊人的相似之处。它具有四则运算的基本功能，其内部结构具有彼此独立的"存储"和"数据处理"装置，功能上等效于现代电子计算机中的"记忆"和"信息处理"，而"存储"与"数据处理"相分离正是现代电子计算机主要设计特征。

巴贝奇分析机可以使用穿孔的资料卡片编排程序。此技巧为法国人雅卡尔早先用于提花织品以控制布纹图案。拜伦勋爵素有数学天赋的女儿艾达·洛弗内丝——《论巴贝奇领先设计》一文的作者，在当时曾对他给予极高评价：分析机编织的代数图案如同雅卡尔编织的花纹和树叶。洛弗内丝是理解和评价巴贝奇工作意义的最有权威的人。

分析机还能根据计算目的选择运算程序，依据这些程序能求出复杂函数值。1840 年，巴贝奇在都灵的一次科学会议上向人们介绍自己的研究计划，声称他的分析机能处理高达 50 位的输入数字，输出 100 位的计算结果，并且能将此计算结果打印在穿孔纸带上或绘制成图表。

尽管技术史家习惯上认为巴贝奇分析机还停留在有待于物理上予以实现的阶段，事实上只是一些远未交付制造的、酝酿中的设计图纸。对该机持谨慎态度的巴贝奇自 1834 年起就一直在推敲，直到他谢世为止。为差分机 1 号的命运所刺激，巴贝奇未能认真尝试制造他的分析机，计算部位的小规模试验到他谢世时还在进行，与之相匹配的元部件由他的儿子制造出来，这是巴贝奇分析机设计留下的唯一遗产。

为保证分析机基本运算功能的实现，必须考虑开发可以自动进行倍加和倍减运算的机械装置，并为一复杂的控制系统所控制。这种装置就是更简单、更精致的差分机，巴贝奇将它称作"差分机 2 号"。

与差分机 1 号相比，它有两个显著优点：一是计算的有效位数增加了 10 位，达 31 位，精确性有了进一步提高；二是所使用的元部件只有差分机 1 号的 1/3，比起前者要经济得多。

1847—1849 年间，巴贝奇为差分机 2 号精心制订研究计划，并为之绘制出 20 幅主图纸和一些附加说明的图纸。该机的工作原理是这样的：整部机器是靠置于右边的摇把驱动，转动摇把可带动由 14 对竖直排列的凸轮装置旋转，旋转的这种装置可以控制计算机循环计算的定时进行。输入数字被储存在 8 根竖直排列的柱子中，每根柱子含有 31 个数字轮，数字的最低位位于柱底，最高位位于柱顶。计算初值由数字轮输入，经由手工操作使得每个数字轮分别显示各自所在的数位（个位、十位、百位……）的十进制数字系统中的数值。在装有 31 个数字轮的柱子下部有一组传动齿轮和一些控制杆，将它们与驱动凸轮耦合时，能够回归、降位并驱动装有数字轮的柱子，由此执行程序运算。

巴贝奇认为差分机 2 号具有的显著优点势必对未来使用者具有相当强的诱惑力，势必引起有关方面的注意，能够促成政府再次支持。为此，他是慎之又慎，又经 3 年的精雕细琢，于 1852 年将此项发明计划提交给政府。然而，政府的答复只能令他再次沮丧。政府此举显然是差分机 1 号工程失败的结果所致，因而使此项发明计划一搁置竟达 150 年之久。

为研制差分机 2 号，巴贝奇几乎被逼到变卖家产的地步，在当时非但得不到人们的理解，反而被认为是个"疯子"。有位知名作家曾这样讥讽巴贝奇：他不仅自己要计算天文学和航海使用的数表，而且扬言要修改其中的错误，想制造出一种机器，尤其是想制造出一种立即可以打印结果的异想天开的机器，这难道还是人吗？巴贝奇在给当时政府的一位财政大臣的信中表达了他的忧伤，这种有特殊功能的机器可以立即算出前任财政大臣任期内的巨额支出，并且还能将它处理为零。可惜的是，不懂数学的人是不了解它的价值的，这就决定了这门科学不可能再有进步。

从科学社会学视角来看，巴贝奇的话在今天仍有现实意义，科学是一项社会工程，是社会建构的产物，尤其需要政府的支持，而政府支持科学的前提则取决于政府官员在多大程度上理解它的价值。

巴贝奇就是在既得不到政府支持又遭人讥讽的逆境中以天才般的智慧设计出一系列图纸，又将它留给了 20 世纪的人类的。他坚信，不管今天怎样被认为是无益的知识，到后世终将变成大众的知识，这就是知识的性质。

受《爱丁堡评论》那篇介绍和评价性文章的启发，为巴贝奇的精神所激励，也为差分机运算能力所诱惑，瑞典一个由父子组成的研究小组——乔治·舍茨和他的儿子爱德华·舍茨——制造出 3 台差分机，绝大部分元部件是自行设计、自行制造的。1843年，他们制造出第一台木结构差分机，其加工工具主要是些简陋的手工机械和原始车床。与巴贝奇差分机相比，无论从有效位数还是从整部机器的加工精度上讲，都是相当粗糙的。可是，舍茨父子却能在瑞典皇家科学院进行成功的表演。1853年，他们在一位来自斯德哥尔摩的技师伯格斯特龙的帮助下，制造出另一台差分机，还在1855年巴黎博览会上赢得荣誉奖章。他们在去巴黎途中顺便访问了伦敦，特地拜访了巴贝奇父子。具有讽刺意义的是他们还在皇家学会进行了成功的表演。

与这家父子相比，巴贝奇是非常不幸的。如果将此不幸与他那创造性的天才联系起来，差分机的破产不能不说是一个不解之谜。自尊而有原则的巴贝奇在大学时代就因其特有的胆识和魄力对剑桥大学教育制度进行过公开指责和辛辣讽刺而享有盛名，若将此与他那发明计划的破产联系起来，则更增添了几分不公正的和辛酸的悲剧色彩。巴贝奇也因此狼狈不堪。在科学生涯中，他度过了不得志的一生，度过了遭人指责和嘲笑的一生。他给人们留下了偏执、古怪和暴躁的印象，甚至到了20世纪60年代还有位作者以《性情暴躁的天才：发明者巴贝奇生平》为题撰写了他的传记。

围绕着这位发明者留下的不解之谜，技术史家们展开了争论，但大多倾向于这样的解释：维多利亚女王时代的机械加工技术水准不足以制造高精度的差分机。此种解释实质上含着这样一个基本假定，即巴贝奇的发明计划是注定要失败的。如日本科学史家左松芳郎就认为，巴贝奇设想在英国政府的援助之下，以自动分析机模型来实现，限于当时的水平，无论如何是不可能的。直到第二次世界大战期间，哈佛大学计算中心的艾肯才把巴贝奇的梦想实现了。一位西方的技术史家爱德华·德博诺则认为即使制造出了这位幻想家的计算机也是不完美的，而且不能使用，因为制造这种计算机所要求的精度远远超出当时工程师们的设计能力。本文开头引用的艾肯的"假如"似乎也加强了这一看法，我国出版的技术史书刊也大体持这种看法，并将巴贝奇发明计划的破产归因于客观上不可实现性，并以此作为论证主客体辩证关系的一个例证。

持相反观点的几位研究者另有看法，在他们看来只要提及舍茨父子的成功之举即可说明问题。由艾纽因·B. 亨尼森主编的《技术与发明史》一书将此发明计划的破产归因于经费不足。英国一位计算机工程师、计算史家多伦·D. 斯沃德经考证，认为无任何证据显示维多利亚女王时代英国的技术加工水准不足以制造巴贝奇差分机。

四、150 年后的复制工程

1979 年起，澳大利亚悉尼大学的一位计算史研究者——阿兰·G. 布罗姆利多次来伦敦访问，对保存在科学博物馆的巴贝奇设计的图纸和留下的笔记进行详细考察，确信差分机 2 号可以在维多利亚女王时代被制造出来，且能够进行运算。为布罗姆利的自信所驱使，计算机工程师斯沃德产生了一个大胆的想法：人们虽然都熟悉巴贝奇那不幸的命运，但为什么就没有人尝试制造出他的差分机以便找出其中的原因呢？若如此，技术史家们所争辩的问题也就解决了。

远在澳洲的布罗姆利早有此意。1985 年，也就是在斯沃德就任科学博物馆计算与控制处负责人之际，布罗姆利携带一份计划实施建议书来到伦敦，向博物馆当局提出这样的建议：应赶在巴贝奇双百诞辰年之前的 1991 年底把巴贝奇差分机 2 号制造出来。这项具有历史意义的建议马上就被博物馆决策层所采纳。于是，一项为期 6 年的"巴贝奇计算机工程"在中断 150 年后又被重新立项并付诸实施。

对于该项工程的发起者和积极参与者布罗姆利与斯沃德来说，实施此工程本身就是在从事巴贝奇所开创的事业，他们感到意义非同一般。不过，实施不久，此项工程便把他们带入了相当陌生的技术领域。一大堆技术难题摆在他们面前，经费来源的危机与工程本身的技术困难时时都在出现。为此，布罗姆利和斯沃德决定选择差分机 2 号作为巴贝奇计算机工程的主体部分，因为它的图纸仍保持原样，而差分机 1 号的图纸已出现令人遗憾的缺漏，再则差分机 2 号又是更为经济的设计，若暂不考虑复杂的打印装置，那么时间和代价允许他们集中于主机的制造。

为解开巴贝奇计算机是否隐含着技术上的不可实现性之谜，研究者得回到 19 世纪中叶。他们首先要做的是对原设计图纸进行周密的勘察。差分机 2 号设计方案的资料文献由 20 张主图纸和数张摹图及附加说明图纸构成。当他们仔细勘阅这些图纸时，发现有几处并非逻辑上的缺陷，其中有一重要装置看起来是多余的，而另一些装置依照主图纸看又下落不明。如开始一项计算所需的初始数据是经未锁的转轴输入，靠人工将自由转动的数字轮旋转到适当位置来显示的。看起来设计者似乎省去了这种拴锁装置，而这一节省甚不恰当，因为这将缩短其使用寿命且易受外部干扰。

研究者还发现了设计上的一大失误，即涉及数字轮之间耦合的传动装置，这一关键部件在加法运算中能保证进位的顺利进行。当将 1 加到 n 个 9 连排的数字上时对这种保证正常进位装置的严重考验就发生了。差分机 2 号不像人们通常习惯的那样，从右到左依次相加，而是先将奇数柱上的数字加到偶数柱子上去，然后再将偶数柱子上的数字加到奇数柱子上去。巴贝奇以他那别出心裁的方式设计了他的传动装置。在第一次计算循环期内，差分机 2 号执行 31 位数加法，不用进位，而是在每个待进位的数字轮上配有一个用弹簧顶住的预警装置。在第二个计算循环中，配有预警装置的这种数字轮接受指令使用自己特有的驱动装置推动高位数字轮转到相应位置。

实际上，巴贝奇图纸上显示的传动装置难以运转，数字转动方向也有问题，带有预警装置的驱动机构不可能按照原图纸设计的那样运行。这些缺陷与巴贝奇那天才的智慧和严谨的风格构成了巨大反差，这使研究者陷入沉思。斯沃德和布罗姆利经反复思考作出大胆的推测：一种可能是这些缺陷是被巴贝奇当作一种密招故意置于其中的，以此应付当时活跃在工业部门的间谍；第二种可能是设计本身或制图过程中的疏忽所致；三是二者的综合作用。

就总体来看，这些问题不会损害逻辑及运算法则，但不必要的装置应予以省略，缺失的拴锁装置应当添加上去。布罗姆利还通过改变数字轮的转动方位解决了传动问题。原驱动摇把采用 4∶1 减速齿轮缓解了研究者对大型差分机 2 号能否靠手工驱动的疑虑。这种减速比使得转动把手摇起来省力，当然也使整部机器的运转速度慢了。

但是，为生产差分机 2 号所需的大批复杂而高精度的元部件提供何种金属材料，以及怎样的技术加工水准才符合当时的情况使研究者陷入一种两难境地：今天所做的一切能不损害差分机的历史真实性吗？莫非唯一目的就是要证明巴贝奇的设计在逻辑上与技术上是正确的和可实现的吗？为避免这个难题他们必须依照巴贝奇本人的设计和当时的技术条件来解决问题，无论是材料选取还是金属加工水准都严格限制在那个时代所能得到和所能达到的限度内。为此，他们对巴贝奇计算机工程原设计方案重新修改，以便使添加上去的每个装置都能从以后的实际运行中随时移走，保持原机的风貌。

1989 年，一台微缩的试验装置被制造出来并通过了计算逻辑和传动技术检验，结果表明是可靠的。这一模型的试制成功对于日后测试其他样品部件，制造实比差分机 2 号有着重大意义，它为走向这一目标的研究者指出了方向。

为制造实比的差分机 2 号，得估计它的造价，需要每一个元部件的图纸。1989 年，博物馆与一家特种工程公司签订合同，由这家公司负责将巴贝奇设计的原图纸资料作为权威资料绘制所需图纸。缺失的资料和详细尺寸、选材、公差、制造手段以及一些精细结构部件得补充上去，个别元部件尺寸由实测或按比例测绘原图纸获得。特种工程公司共绘制出 50 幅新图纸，为差分机 2 号所需的 4000 个元部件中的每一个都给出详细说明。

幸存的部件显示，巴贝奇在当时使用的材料主要是青铜、铸铁和钢。为了不损害历史真实性，布罗姆利和博物馆的迈克尔·赖特建议仍采用这些材料，但他们在帝国科学技术学院的同事经过对幸存部件进行材料取样分析后提醒他们可以选择适量现代青铜掺入其中。

在元部件的制作过程中，为保证其历史真实性，他们从未作出任何使用现代机床加工的尝试，差分机 2 号所用的 4000 个元部件约有 1000 种不同规格，有较高程度的重复现象。在这些重复部件的生产中，他们才动用现代金属加工工艺，使用焊接方法将有关部件相衔接，当时克莱门特则采用锻压法，这在效果上是等价的，丝毫不损历史真实性，他们感到问心无愧。他们相信，出于同样考虑，巴贝奇也会采用与之类似方法制造这些同规格部件的。

由这些元部件所反映出来的差分机精度表明研究者当初的担心是多余的，因为布罗姆利和赖特测量了差分机 1 号幸存部件，发现由克莱门特完成的那些元部件其精确度极高。同规格元部件完全可以相互替代，一般公众包括大多数技术史家所持有的 19 世纪中叶机械加工技术水准或精度远不足以制造出巴贝奇计算机的看法是不符合史实的。研究者还发现，即使采用现代标准制造这些部件，其误差范围也不见得比 19 世纪更小。

特种工程公司预计用半年左右的时间绘制出所需的 50 幅图纸，而实际上到 1990 年 1 月才告结束，博物馆为之所付出的代价也是惊人的。此后的工作更加艰巨，时间和造价容不得他们有丝毫的轻松感。

如果说当初的差分机 2 号发明计划的破产归因于经费缺乏，那么这一危机在 150 年后的今天也时有可能发生，研究者被严格局限在同负责制造和组装这台机器的债权人所签固定造价合同范围内行事，他们生怕重蹈巴贝奇那种无休止花费的历史覆辙。在几经艰难的讨价还价后，科学博物馆与那家特种工程公司就造价达成协议，也就防止意想不到的技术难度等一系列缓冲条款达成一致。为慎重起见，科学博物馆还从五家颇有声望的计算机公司——国际计算机有限公司、休利特·帕卡德公司、兰克·兹欧沃克斯公司、西门子·尼克道夫公司以及纽尼塞斯公司——调用保险金以防典当家产。

1990 年 6 月初，正当最后一份合同即将签订时，不幸的事情发生了。用其保险金资助巴贝奇计算机工程的那五家公司在经营 35 年后竟不约而同地宣布破产，参与该项工程的两名重要工程师雷吉·克里克和巴里·霍洛韦成了这一突发事件的首批受害者，他们于 6 月 7 日被特种工程公司解雇，形势急转直下。如果签约时间提前一天的话，那么博物馆将处于更加被动的境地。他们不得不就经费来源谋求其他生路。他们感到这次突发事件已经危及该项工程能否在巴贝奇双百诞辰年之前如期完成。

博物馆官员于 6 月 8 日上午召见了被解雇的克里克和霍洛韦这两位重要工程师，当天中午他俩就成了博物馆的雇员。布罗姆利和斯沃德等人花了一整天时间起草了一份新的合同，及时向转包厂家寄去元部件订单。为赢得时间，斯沃德于这天下午跑步至附近邮局向生产厂家寄去各种必用图纸和订单，他们以分秒计算这项工程完工的最后限期。

五、历史如是说

经过建设者们 6 年的努力，差分机 2 号主机终于竖立在科学博物馆最引人注目的地方。固定与组装工作于 1990 年 11 月开始，到 1991 年 5 月完成。至此，这个奇妙而复杂无比的庞然大物被置于博物馆的"做差分：查尔斯·巴贝奇及计算机之诞生"展览厅中央。1991 年 6 月 27 日，该厅正式对外开放。即使到这个时候，工程师们仍放心不下，因为重达 3 吨的差分机 2 号主机尚未进行过一次正式计算，还处在不可思议的人为干扰中。为此，斯沃德等人发展了抗干扰技术以便追踪干扰来源，所以，即使在展览期间他们也休息不得。

1991 年 11 月 29 日，距巴贝奇双百诞辰约 1 个月时，差分机 2 号首次进行了成功计算。在高达 7 次方多项式运算中，它给出了前 100 位有效输出数据，未发现误差。整个博物馆及建设者们都沉浸在难以言表的喜悦之中。到这一天为止，该项工程累计耗资近 30 万英镑，约合 50 万美元。

差分机 2 号主机的建成及其运算的成功向人们展示了作为设计师和工程师的巴贝奇具有多方面的精湛技能。一些技术史家早先争论的巴贝奇所要求的高精度标准到底是必要的还是误入至善论歧途的产物，现在有了结论：巴贝奇之所以坚持高精度要求，是基于对精密工程的判断。参与该项工程的建设者们已经从他们亲身体验中感到了强调高精度的重要性。他们本来打算利用由电子计算机控制的机器来生产差分机 2 号主机的重合部件，后来实践证明绝非易事。

密衔起来的元部件其公差不超过千分之一英寸证明是非常必要的，尤其是传动装置所使用的部件。

差分机 2 号主机的制造过程也间接显示出巴贝奇的设计是何等的变幻莫测和足智多谋。主机的建成使人们对这位先驱者肃然起敬，他完全具备使这台复杂机器运行成为现实的能力。多数技术史家们往日持有的维多利亚女王时代英国技术水平不足以制造巴贝奇计算机的观点随着这一工程的竣工而成为过去。巴贝奇在技术与发明史上已是人们非承认不可的人物，再也不该是大多数技术史家们笔下的"幻想家"和"梦想家"了。其地位再也不该像他们所描述的那样，对希卡德计算机（1623）、帕斯卡加法机（1645）、托马斯四则计算机（1820）大书特书，而对巴贝奇计算机的评价则寥寥数笔。

现在，前往伦敦去参观巴贝奇差分机的学者络绎不绝。差分机 2 号将作为精密工程雕塑品之一绝而令人赞叹，而它的设计者，计算机史上被误判的先驱者则更为人所仰慕。假如他的发明计划能得到政府始终如一的支持，整部计算机史又该怎样写呢？

六、其他工作与经历

作为数学家，巴贝奇撰写过多篇较有影响的论文，涉及函数论及应用数学各分支领域。尤因标志法设计而闻名遐迩。这一设计不仅简化了繁杂工程图纸的绘制工序，而且对那些训练有素的设计者简化其"迂回"手法也大有帮助。他还热心于将差分原理应用于各种数表的制作。由他完成的适用于从 1 到 108000 自然数的 8 位对数表在当时所有流行的数表中是最可靠的。

此外，他还对运筹学进行过数学分析。为火车头设计出第一个测速计，为航海人员设计出忽明忽暗的灯光装置以确定灯塔方位，甚至还写过一部关于课税和一本关于经济学的著作，尽管他算不上是一位经济学家。

为促进与大陆国家的学术交流，他还在大学时代就同赫舍尔、皮科克一起翻译过法国著名数学家拉克鲁瓦的《微积分》，为引进"d"符号系统做了奠基性工作。

然而，这些还不是巴贝奇生活的全部。在19世纪英国的历史舞台上，他不仅扮演了科学家、发明家、工程师等角色，而且还有强烈的社会责任感，扮演着社会活动家的角色。当他还在剑桥校园的时候，就开始思考英国科学缘何衰退的问题。大学毕业后，巴贝奇也没有停止对上述问题的思考，继赫舍尔于1828年前后对英国科学作出全面批评后，巴贝奇那惊世骇俗之作《论英国科学的衰退》一书在伦敦出版。巴贝奇在该书中慧眼独具，透彻地剖析了导致英国科学衰退的根本原因。他指出，英国科学之所以衰落，关键问题是科学研究大部分还是一种业余活动，既没有得到政府支持，又没有成为一种专门的职业，科学研究活动远未形成一种制度。反观大陆国家，尤其在法国，科学研究已开始成为一种特殊的职业，也是最吸引人才的职业。而在英国，最吸引人才的不是科学而是律师。巴贝奇惋惜地说，英国的人才就这样被糟蹋掉了，弄得人们把一个知识渊博的科学家变成一位勉强过得去的律师。巴贝奇还指出，英国的这种陈旧的业余传统已远不能适应时代要求，像数学这样的学科现在要求人们对它付出所有精力，通常那些闲暇而不受任何其他事务干扰的人才能进行研究。他号召建立起一个关心科学发展的人的组织，要求政府予以关注，重新调整科技政策。

1828年，巴贝奇出席了由自然哲学家洛伦茨·奥肯倡议的一年一度在德国各个城市轮流召开的讨论当年科学进展的会议，这使他深受启发。他认为英国也应该有这样的集会组织，以促进英国科学发展。巴贝奇认为已不可能再指望皇家学会这样的组织来振兴英国科学，尽管皇家学会在历史上起过重要作用，因为此时的皇家学会已面目全非了，非科学家的会员人数在大量增加，以至于到19世纪初，会员中科学家与非科学家人数之比竟达到一半对一半的地步，不仅如此，非科学家还控制了这个学会，一度成了名副其实的社交俱乐部。直到19世纪30年代还有人讥讽皇家学会，说它作为科学组织其生命已经停止了。正是在这一背景下，巴贝奇号召应成立类似德国科学促进会那样的科学组织。

如果说《和大陆竞争对手立于同一基础的英国数学家们》一书的出版在剑桥校园掀起一场轩然大波的话，那么巴贝奇后一部著作则更具影响，它震惊朝野各界，使得当时英国政府一位财政大臣罗伯特·皮尔爵士非常难堪，他不得不为政府政策辩护，并矢口否认英国科学有任何衰退的迹象。对此抱有同感的苏格兰学者却表示出异常欢迎的态度。为响应巴贝奇号召，《爱丁堡评论》发表了一系列要求改革大学教育制度、促进英国科学发展的文章，为这场运动推波助澜。

在以巴贝奇为首的一大批有识之士的严厉批评和强烈要求下，英国皇家调查委员会后来终于决定对剑桥和牛津等大学进行实地调查,并采纳了巴贝奇等人的主张,要求国会通过法案确保大学教育制度改革的进行。在皇家调查委员会的努力下,国会遂通过改革剑桥和牛津大学教育制度的法案,一场空前的改革运动首先在这两所大学展开。

巴贝奇关于成立关心科学的组织的倡议也得到了积极响应,英国科学促进会于1831年成立。皇家委员会亦在19世纪30年代初采取了一系列改进措施,初步恢复了它的生机。改革后的剑桥大学不久便重振雄风,不仅在古典学术研究方面卓有成效,而且在现代科学研究方面也获得了重大进展。作为各门科学之冠的物理学再度在这里得到适宜的土壤和气候,培养出许多世界一流的物理学家。此后又在麦克斯韦等人的倡议下创建卡文迪许实验室,使剑桥再次成为人们熟知的科学研究中心。

继德国之后,科学体制化进程在英国终于有了长足发展,巴贝奇也因此获得殊荣。当代科学史家、科学社会学家在述及近代科学体制化过程这一主题时,巴贝奇的功绩是不能不提及的。

1814年,巴贝奇和比他小一岁的名叫乔治亚的姑娘结婚,13年间共生下8个孩子,活下来3个。

1816年,巴贝奇任东印度大学数学教授。

1827年,远在意大利旅行的巴贝奇终于接到盼望已久的剑桥大学聘书,任命他为该校的数学教授。

1871年,这位英国数学家、计算机史上的先驱、科学体制化的促进者因病在伦敦逝世,享年80岁。

(作者:浦根祥 钱 卉)

乔治·布尔
现代信息技术的数学基础奠基者

乔治·布尔
(George Boole, 1815—1864)

人类历史上经历了四次信息革命。首先是语言的产生，这使人们有了表达感情、沟通信息的工具。接着是创造文字，信息不仅可以通过语言传递，而且可以通过文字记录、传递。第三次信息革命是发明了印刷术，使人类在信息交流、记载、传播等方面达到一个便捷、准确、快速、广泛的阶段。而今天，我们已经步入现代数字信息时代，人类在记载、传播、交流内容等方面有了更大的进步，这是第四次信息革命，其标志就是计算机和网络的广泛使用。数字信息技术的发展，使人们的学习和交流打破了过去的时空界限，为人类能力的提高和发挥带来了新的空间。

关于信息技术，人们经常会提到被称为"计算机之父"的美籍匈牙利人冯·诺伊曼，他在20世纪40年代提出的存储程序概念直到今天仍然作为计算机工作的基础；此外还有图灵，甚至是巴贝奇等人。然而，如果没有布尔代数为计算机设计奠定数学基础，计算机的硬件是设计不出来的，没有硬件的支持，冯·诺伊曼的存储程序概念就无法实施。从这个意义上来看，在19世纪创设布尔代数的乔治·布尔为今天的计算机发展也作出了巨大的贡献。同时，网络技术也离不开布尔代数，当使用互联网上的搜索工具时，通过定义输入的术语之间的关系，布尔数学的概念将帮助我们查找信息。计算机和网络是当今信息学的主要技术，而乔治·布尔发明的布尔代数正是为此服务的，因此，可以说乔治·布尔是现代信息技术在数学基础方面的奠基者。

今天，乔治·布尔已经被公正地认为是计算和信息技术创始人之一，正是由于他的天才工作，我们才能够拥有数字唱片、数字电视和因特网等一系列科技创新成果。但他在一段时期内却又是信息革命中一位被忽略的英雄，本文根据有关研究资料，略述其道德文章，以期尝试还原其应有的历史地位。

一、制鞋匠的儿子

乔治·布尔于 1815 年 11 月 2 日出生在英国伦敦林肯郡，是制鞋匠约翰·布尔的大儿子。当时的英国，制鞋匠所处的社会地位基本上属于所谓"下等阶级"，能够获得的生活和学习条件相比于"上等阶级"有很大的差别。布尔出生的那一年欧洲恰好发生滑铁卢大战，战争带来的社会动荡和物资匮乏对下等阶级的生活产生了很大的影响。因此，布尔从小就陷入贫困的命运。但是布尔并不屈服于命运的安排，他没有像其他同样贫困的孩子那样恭敬而感激地诵读教义手册，严格遵循阶级的界限，安于愚昧和贫穷，在艰难困苦的生活条件下，布尔依然从小就开始通过各种渠道进行学习。在这方面，他的制鞋匠父亲也为自己的孩子创造了力所能及的条件。布尔的父亲虽然只是一个下等阶级的鞋匠，但对科学却有执着的热爱，尤其是对光学特别感兴趣。他的爱好和学习精神无疑也影响到了布尔。布尔在仅仅 7 岁时，就对数学产生了浓厚兴趣，这个兴趣得到了父亲的支持和鼓励。在布尔快到 11 岁生日的时候，他的父亲在一本几何书上写道:"乔治在 1826 年 11 月 1 日读完了这本书。"

1827 年,已经 12 岁的布尔才有机会进入正规学校学习。然而,这个学校的学费比较昂贵,对于以制鞋为业的家庭来说,很快就难以负担了,布尔不得不转入另一所比较廉价的学校。但在这所简陋的学校里,布尔广泛阅读历史、地理和科学,尤其喜欢小说和诗歌,学习取得了很大的进步。

在维多利亚时代前后的英国,懂一点儿拉丁文,或者再稍微懂一些希腊文,往往就是一个上等人的标志。虽然当时没有多少儿童能够读懂拉丁文,但如果能了解一些拉丁文的语法,仍然是高贵的标志。因此,布尔在 12 岁入学的时候,他的兴趣发生了一些转变,从科学转向了语言学习。然而,布尔所在的学校不教拉丁文,布尔认为要走出贫困,必须学习拉丁文和希腊文。在父亲的鼓励下,他开始自学拉丁文,并且表现出很强的自学能力。约翰·布尔也向儿子介绍了一些相关的文学名著,当他不能再教给他儿子拉丁文的时候,他向自己的朋友,一个书商威廉·布鲁克求助,这个朋友教给了小布尔一点初级的语法知识,而后能力不逮,布尔就得靠自学了。不过威廉允许布尔使用自己的藏书,这使布尔受益匪浅,威廉也成了布尔的终生好友。

通过一段时间的学习,布尔认为自己已经掌握了足够的拉丁文知识。于是,1830 年 5 月,他牛刀初试,把一首荷马的诗翻译成英文,并在当地的报纸上发表了。他父亲为儿子所做的事情感到骄傲,这件事也为布尔赢得了"神童"的称号。然而,这件事在社会上也引起了一场不大不小的争论,一些人对布尔奉承,而另一些人则是对他进行羞辱。一个当时的古典文学大师公开表示，一个孩子不可能完成那样的翻译，所以其中必定有诈。此举使布尔感到受了侮辱，他下决心努力弥补自学的不足。之后的两年时间里，尽管依然没有他人帮助，布尔仍坚持拼命自学拉丁文和希腊文。终于，功夫不负有心人，布尔开始能够将许多拉丁语散文写得庄严得体、语法严谨正确了。正是这种早期的语言学习训练深深影响了布尔的逻辑思维，他觉得构建逻辑代数和学习语言是类似的，这为他后来发明布尔代数打下了很好的基础。之后，布尔又自学了法语、德语和意大利语，在欧洲大陆科学出版物被翻译成英语之前，他就已经能够阅读原文了。

布尔 16 岁时，家庭的贫困使他不得不辍学去工作。他找到了在一所小学教书的工作，同时还兼职做另一所学校的助理教员。布尔在这两所小学工作了四年，他赚到的所有钱却只够用来勉强维持家庭生活。他希望有份体面的工作，就他当时所教的小学而言，算不上好名声的行业，更不要说是理想的职业了。布尔决定做一名教士，他对神学和精神生活都有兴趣，希望进入教堂进行关于神学的理论研究。但是他富有逻辑的思想使他发现很难接受神学的教条，特别是三位一体论。他的是非之心不容许他完全接受《圣经》中的说法。

二、自学成才的数学教授

20 岁的时候，布尔开办了自己的私立学校。在学校里，数学是必修课程，所以布尔也必须给学生们教数学。这种情况也促使布尔很快对数学重新产生了兴趣。可是，当时的教科书有很多不足。开始他对教科书的错误表示惊讶，接着是不满与轻蔑，他开始更加认真地研究数学。布尔每读一篇文章或者再读的时候，都要完全理解了才放下。同阿贝尔和伽罗瓦一样，布尔只能靠自学才能掌握这些数学知识。即使没有辅导老师，布尔也坚持了自己的钻研。在没有任何帮助的情况下，通过不断的努力，他凭自学读通了拉普拉斯的《天体力学》。这本书是拉普拉斯最艰深的著作之一，只有认真研读才可能融会贯通。然而，这本书中的数学推理充满了脱漏和许多的"显而易见"，这为布尔的自学增加了许多困难，但是他坚持下来，并最终完全理解了该书的内涵。布尔研读的另外一本著作是拉格朗日的《分析力学》，该书通篇没有一个用来说明分析的图示，可以想象，布尔要读懂这本书需要多大的勇气和毅力。与此同时，布尔还依靠顽强的毅力，在没有任何人指导的情况下，尝试着开始进行数学研究，并写出了一篇关于微分变量的论文。

布尔在孤独的研究中又取得了另一个成就——他发现了不变量。后来，在英国数学家西尔维斯特和凯莱的努力下，代数不变量的理论得到发展，而布尔的工作为他们奠定了基础。事实上，如果没有不变量的理论，相对论也就不可能产生。著名的数学家拉格朗日本来应该是不变量的发现者，但是很可惜，他并没有在意这个对他来说不起眼的新"东西"。但是布尔凭着对代数关系的对称和美的强烈感觉，看到了拉格朗日忽略的东西，这为后来者的研究工作作好了铺垫。

布尔所处的年代，数学著作发表的机会不是很多。一般来说，期刊或者学报都是发表自己学术团队成员的文章。幸运的是，布尔将自己的论文寄给了《剑桥数学杂志》，这是创刊于 1837 年由苏格兰著名数学家 D. F. 格雷戈里所主持的一种期刊。布尔寄给《剑桥数学杂志》两篇关于"符号分离方法"的论文，主编格雷戈里对布尔论文的独创性表示赞赏，并且很喜欢他的写作风格。他和布尔通信交流，对两篇文章提出一些修改建议，并于 1841 年将其刊登在《剑桥数学杂志》上。格雷戈里的热情以及他和布尔的志同道合使他成为布尔一生的好友。

真正使得布尔在数学界扬名的是他在 1847 年出版的《逻辑学的数学分析》一书，这也是布尔第一次公开发表自己的研究成果。关于这本书的缘起，还有一段插曲，也是 19 世纪上半叶英国学术界的一场著名争论。争论的一方是哈密顿，另一方是德·摩根。当时英国有两个颇有名气的哈密顿，一个是大家熟知的数学家威廉·罗恩·哈密顿爵士（1805—1865），另一个则是苏格兰的哲学家威廉·哈密顿爵士（1788—1856）。此处提到的是后者。他凭着自己的伶牙俐齿，当上了爱丁堡大学的逻辑学和形而上学教授。他对数学并不在行，但是却认为自己无所不知。在讲授哲学时，他曾公开宣扬"过度研究数学使头脑完全丧失哲学和生活所需要的智力""数学根本无助于养成逻辑习惯"等。因此，他认为，数学是毫无价值的。

争论的导火索是一宗关于逻辑命题的讨论。在传统的亚里士多德逻辑中，讨论的命题是一种"主－谓"形式的命题，亚里士多德的三段论也是建立在对这种命题进行推理的基础上。它们有四种基本的形式：①全称肯定命题：所有 X 是 Y；②全称否定命题：所有 X 不是 Y；③特称肯定命题：有些 X 是 Y；④特称否定命题：有些 X 不是 Y。

这四种命题中只有主词是被量化的。1833 年，哈密顿在《爱丁堡评论》上发表了《逻辑学》一文，提出了谓词量化。他将经典逻辑中的四个绝对命题改为八个：①所有 A 都是所有 B；②所有 A 都是一些 B；③一些 A 是所有 B；④一些 A 是一些 B；⑤任何 A 都不是任何 B；⑥任何 A 都不是一些 B；⑦一些 A 不是任何 B；⑧一些 A 不是一些 B。英国数学家德·摩根在 1846 年撰写了一篇题为《论三段论的结构》的文章，内容也讨论了"主－谓"形式的命题，并于当年 11 月 9 日在剑桥哲学会上宣读。哈密顿认为德·摩根抄袭了他的思想，由此公开指责德·摩根进行了剽窃。德·摩根进行了答辩，从而引发了一场争论。正是这次争论，驱动了布尔写作自己的第一本著作《逻辑的数学分析》，并及时公之于众。布尔当时是德·摩根的敬慕者，同时也是德·摩根的忠实好友。虽然布尔当时不过是一位小学教师，但他已经和许多一流的英国数学家建立了联系。对于这场争论，布尔认为德·摩根是正确的，而哈密顿则似乎近于无理取闹。因此，布尔在 1847 年出版了《逻辑的数学分析》一书，以此来反驳哈密顿的观点。在该书中，布尔指出：哈密顿的观点不是基于科学的调查研究而得出，仅仅是根据哲学的观点得出的。布尔认为探究事情的真伪不能超越人的智慧的限制，如果哲学的本质是那样的探究，那么逻辑就不属于哲学了。基于这样的认识，布尔得出逻辑系统的基础是：逻辑不应该和哲学联系在一起，而应和数学结合。逻辑不仅构建了一门科学，而且是探究自身起源和本质的科学，逻辑和数学密不可分，数学也是探究起源和本质的科学。布尔认为哈密顿的上述"谓词量化"不是在数学领域的探究，只是在哲学观点上的自圆其说，而德·摩根则从数学上对"主－谓"命题进行了论证。

这是布尔第一次公开自己在这个领域所做的工作。这个薄薄的小册子立刻赢得了德·摩根的热烈赞扬，这位大师级的数学家公开承认了布尔的工作。实际上，这只是布尔的初步成果，7年后，该工作将获得更大的进展。由此，布尔开始开辟出一个新的数学领域。

此时，小学教师布尔很希望能够进入大学进一步深造，他的朋友们也曾邀请他去剑桥大学接受正规的数学教育。然而，由于家庭贫困，他的父母完全依靠他来赡养，他不得不继续留在小学教书，以获得收入贴补家用。但他随时都在寻找合适的机会改变自己的状况。机会来自1830年到1840年间，当时政府计划在爱尔兰建立一些新的大学，以满足不同宗教信仰人群的教育。开始，布尔申请一个文科教授的职务，但是天主教徒反对他作为神学院的教授，因为布尔是个无神论者。1849年，布尔再次申请教授职务，这次申请数学教授，选举委员会最终接受了他，任命他到爱尔兰科克城的女王大学就职。自学成才者终于了却夙愿，成为一名职业数学家。布尔充分利用这个宝贵的机会，尽管工作依然繁重，但相比小学教师却要轻松许多，并且不再为经济而担忧。

布尔在科克城女王大学讲授了几门课程，包括微分方程、微积分、分析力学等。在布尔看来，数学是要通过实践进行推理、教授的，要通过语言、文学和名著学习来平衡。他坚持认为人们只有完全理解了才能记住，同时一份清晰的笔记是必要的。他认为，应该培养年轻人养成勤奋、诚实、互爱的习惯，并且能够辨别是非；培养学生良好的道德是教师最难完成的任务，但是这是教学中的重中之重。

事实上，作为教师，布尔很成功。他上课一丝不苟，充满激情，效率极高。有学生回忆说，布尔上课的时候不像一个教授，而更像一个艺术家，他在黑板上的推理演示如同画家在作画一样充满吸引力。布尔善于和学生交流，而且他又是那么地谦虚谨慎，对每一位学生都公平对待。他探讨教学方法，希望全体学生都能学懂。布尔富有感染力的教学受到学生们的欢迎，很快，他成为学生们最喜爱的老师之一。他也喜欢和学生交往，学生们时常邀请他一起散步，通常他都接受学生们的邀请，但是偶尔也会忘记和学生的约定。

布尔在此期间进行了各种各样的数学研究工作，但主要方向还是继续完善已做的工作。布尔有时候思考问题十分专注，以至于忘记了周围的一切。有一次，全班同学等他上课，却发现布尔在教室里陷入了沉思。学生们等了一段时间，布尔还在思考，于是他们就悄悄地离开了教室。布尔似乎根本没有看到他们，后来他认为没有学生来上他的课。

1854年，他出版了《对于奠定逻辑和概率的数学理论基础的思维规律的研究》(简称《思维规律的研究》)一书，这是他早期工作的继续。布尔因此巩固了他过去在数学界所获得的声望。这时，他39岁。

三、布尔代数

人们很早就想利用计算的方法来探索人类思维中的逻辑推理过程。17世纪，莱布尼茨就试图发明一种通用的科学语言，借助于这种语言的符号和语法结构来指导推理，就像数学中的公式计算一样。莱布尼茨认为逻辑语言可以通过使用一些表意的符号，每一个符号代表一个简单的概念，组合各种符号来表达复杂的思想。他也想建立一种能够推理的代数，通过演算来完成一切正确的推理过程。在他进行这些工作的时候，他已经隐约含有了现在的逻辑加法、乘法、等同、否定和空集这样的概念，同时他注意到需要研究一些抽象关系，例如包含、等价等，还有一些关系的传递性和对称性。但是由于各种原因，莱布尼茨的想法并没有实现，而他关于逻辑代数的细节问题直到20世纪才被人们发现，因此他对逻辑代数的发展并没有直接的影响。事实上，布尔关于逻辑代数的工作应该是首创的，他所建立的"布尔代数"基本上完成了逻辑的演算工作。

布尔在1847年出版的《逻辑的数学分析》一书中，初步建立了"布尔代数"，并创造一套符号系统，利用符号来表示逻辑中的各种概念。布尔建立了一系列的运算法则，利用代数的方法研究逻辑问题，初步奠定了数理逻辑的基础。而1854年的《思维规律的研究》对此理论进一步完善。布尔代数首先是作为一种类演算建立起来的，后来布尔又对它作了命题演算和概率演算的解释。布尔代数的公设和用形式逻辑的解释相比,用类的包含关系解释,因而更加直接,并且可以给它们与古典逻辑一致的解释。

假设 K 是一类不确定的元素 a,b,c,$\cdots$,而 $a+b$ 和 $a \times b$(或者写作 ab)是两个不确定的二元运算 $+$ 和 $\times$ 的结果。因此,布尔代数有 10 个公设:

I_1. 如果 a 和 b 在类 K 中,那么 $a+b$ 在类 K 中。

I_2. 如果 a 和 b 在类 K 中,那么 ab 在类 K 中。

II_1. 有一个元素 Z,使得对于每一个元素 a 有 $a+Z=a$。

II_2. 有一个元素 U,使得对于每一个元素 a 有 $aU=a$。

III_1. $a+b=b+a$。

III_2. $ab=ba$。

IV_1. $a+bc=(a+b)(a+c)$。

IV_2. $a(b+c)=ab+ac$。

V. 对于每一个元素 a,有一个元素 a',使得 $a+a'=U$,$aa'=Z$。

VI. 在类 K 中至少有两个不同的元素。

如果上述的类 K 换成集合 B,同时也满足这 10 个公设,则形成一个布尔代数。从这些公设可以看出整个经典逻辑都能通过由公设生成的代数,使用符号建立起来。这就发展起来了"逻辑方程"的理论:逻辑中的问题被转换成方程,然后使用代数的方法求解这些方程,再按照逻辑数据重新解释这个解,给出原始问题的解答。

例如,关系 $a \subset b$(a 包含在 b 中)是由以下方程中的任意一个定义的:$a+b=b$,$ab=a$,$a'+b=U$,$ab'=Z$。我们考虑 $ab=a$,如果 a

包含在 b 中，那么既在 a 中又在 b 中的一切是 a 的全体。

从 10 个公设中，我们能够证明下面关于"包含"的定理。

1. $a \subset a$。

2. 如果 $a \subset b$，$b \subset c$，那么 $a \subset c$。

3. 如果 $a \subset b$，$b \subset a$，那么 $a=b$。

4. $Z \subset a$（其中的 Z 是 $\amalg_1$ 中的元素——可以证明满足 $\amalg_1$ 的唯一的元素）。

5. $a \subset U$（其中 U 是 $\amalg_2$ 中的元素——也是唯一的元素）。

6. $a \subset a+b$；如果 $a \subset y$，$b \subset y$，那么 $a+b \subset y$。

7. $ab \subset a$；如果 $x \subset a$，$x \subset b$，那么 $x \subset ab$。

8. 如果 $x \subset a$，$x \subset a'$，那么 $x=Z$；如果 $a \subset y$，$a \subset y'$，那么 $y=U$。

9. 如果 $a \subset b'$ 不成立，那么至少有一个与 Z 不同的元素 x，使得 $x \subset a$，$x \subset b$。

再看一些关于布尔代数的其他例子：最简单的布尔代数只有两个元素 0 和 1，并通过如下规则定义。

∧	0	1
0	0	0
1	0	1

∨	0	1
0	0	1
1	1	1

它应用于逻辑中，其中的 0 为假，1 为真，∧ 为与，∨ 为或，¬ 为非。涉及变量和布尔运算的表达式代表了陈述形式，两个这样的表达式可以使用上面的公设证实为等价的，当且仅当对应的陈述形式是逻辑等价的。两元素的布尔代数也可以应用于电子工程中的电

路设计，工作原理遵循上述的规则。

从布尔的《思维规律的研究》一文的题目上，也许能够看出他的一种理想：因为人脑是进行理性的逻辑思考的，所以，如果能够使用数学来表征逻辑，那么就可以使用数学来描述大脑是如何工作的。这种想法在今天看来或许有些幼稚，可是正是这种理想为计算机的发明做好了铺垫工作。

在《思维规律的研究》中，布尔把逻辑简化为较为简单的一类代数，他写道：

> 现在下面几页的实际研究，把逻辑在它的实际方面的应用，展示为借助于有确定解释的符号，以此来进行运算的体系，并只服从于建立在该解释基础上的规律。但是同时，它们把那些规律展示为在形式上与代数的一般符号规律相同，只添加了一点，即逻辑符号还得服从于一些特别的规律（例如，在逻辑代数中，$x^2=x$，它能被解释作"一个类 x 及其本身所共有的那些东西的全体的类，只能是类 x"）……也就是说，在通常的代数中，每一个 x 等于它的平方并不成立，而在布尔代数中这是成立的。

在这种代数中，适当的材料上的"推理"成了公式的初等运算，这些公式比中学代数的公式还要简单。

传统的代数解题时，都要遵循一定的规则，这些规则和生活实践一致，所以人们早已习以为常。另外，传统的代数总是处理数字问题。布尔代数的重大意义在于，它重新设计了计算规则（即前述公设），同时脱离了数字概念，使其变得更加抽象。即，在布尔代数中，操作的对象不再仅限于数字，而是更广泛的集合（或者类），一个类表示一组事物，或者是集合。

在传统代数中，操作符 + 和 × 被用于表示加法和乘法运算。在布尔代数中，同样用到了 + 和 ×。这似乎会引起混淆。人人都知道在传统代数中如何对数字进行加法和乘法运算，但是如何对"类"进行加和乘呢？在布尔代数中并不进行传统的加或乘法运算，相反，这两个运算符号有着完全不同但更为广泛的含义。符号 + 意味着两个集合的合并，所谓两个集合的合并，就是进行了这个操作后，形成了一个新的包含了第一个集合所有元素与第二个集合所有元素的集合。为避免传统代数和布尔代数之间的混淆，有时候用符号 ∪ 和 ∩ 而不用 + 和 × 来表示并运算和交运算。但为了表明布尔对数学的划时代性影响，本文依然沿用他的原始符号，而不为他的代数引入新的符号。为了使布尔代数更加完整，还需要两个符号。符号 "1" 在布尔代数中表示 "整个宇宙（全集）"，也就是一般所谈论的每件事物。所需要的另外一个符号是 "0"。在布尔代数中，"0" 表示空集，即不含任何事物的集合，当求取两个完全相互排斥的集合的交集时，这两个集合没有任何的公共元素，也就是他们的交集是没有元素的，那么这个集合就是空集 "0"。

布尔创造的这套符号运算系统就是利用符号来表示逻辑中的各种概念。同时，布尔建立的这一系列的运算法则利用代数的方法研究逻辑问题，奠定了数理逻辑发展的基础。从上面的例子可以看出，布尔代数的理论比较容易理解，甚至说比较简单。所以，也许有人会问：这个理论能解决什么复杂的实际问题？事实上，在布尔代数刚刚诞生的时候，人们确实曾质疑过它的实用性。欧洲大陆著名的数学家轻蔑地称它为没有数学意义的、哲学上稀奇古怪的东西，他们不认为英伦三岛的数学家能在数学上作出独特贡献。只有德·摩根对布尔的工作大加赞赏，他指出：

> 布尔的逻辑系统是天才和勤奋的结合体，……布尔发明的代数的符号运算过程，作为数值计算的一个工具将能够表示任何思维活动，为逻辑的全部系统提供了法则，这在布尔没有证明之前谁也不曾相信，……我可以确信地说，布尔的工作不仅渗入到更高的数学层次，而且他开拓了数学的一个新的领域。

20世纪初，怀特海和罗素更在其巨著《数学原理》中高度评价布尔代数为纯数学："纯数学是布尔在一部他称之为《思维规律的研究》的著作中发现的。"此说一出，立刻引起世人对布尔代数的注意。但是，布尔代数的应用确实是更晚的事情。1938年美国的信息论之父克劳德·香农在他的硕士论文中引用布尔代数来实现开关电路，他把布尔代数发展成为适合设计、分析开关电路的形式，在技术领域，特别是自动控制、电子计算机的逻辑设计方面开创了新的前景，引起了人们的重视。事实上，所有的数学和逻辑运算，例如加、减、乘、除、乘方、开方等，全部能转换成二值的布尔运算。

随着布尔代数在自动化技术、电话转接和计算机工程等方面的广泛应用，布尔代数也得到充分的发展。布尔的数学理论至今无可动摇，计算科学遵循他的推理，电力工程依靠他的理论，甚至人造卫星图都以他的工作为基础。

四、声誉和家庭

布尔在当时的社会上声誉甚好，而赢得这样的好名声，不仅靠他久负盛名的天才数学才能，还在于他乐于助人的品格。他思维活跃，关心社会，主动帮助有困难的人。从下面几件事中可以对他的道德人品管中一窥：

维多利亚时代的英国，一方面工业革命蓬勃兴起，经济飞速发展；另一方面，也出现了严重的贫富差距，大量贫民流离失所，生活无着，导致犯罪丛生，社会动荡。布尔不是钻在象牙塔中不闻窗外事，而是常关心社会问题，表现出了一个科学家应有的社会责任感。在林肯市，曾出现过一个被称为"悔过女人之家"的组织，布尔也是这个组织的成员。这个组织的宗旨是帮助那些被迫卖淫的年轻女孩。布尔不但为其前后奔走，而且经常捐钱捐物。他时常对林肯市的某些社会弊病表达出深深的忧虑之情，在给一个朋友的信件中，布尔这样写道："我发现在维多利亚时代早期，林肯这儿，就有30座臭名昭著的建筑，主要是在女同性恋城堡地区。这儿不在法律的监管之下，是犯罪的温床。市长甚至承认林肯是同等城市中最放荡的。"布尔热心帮助那些失足女孩，希望通过自己的努力使她们脱离苦海。

布尔还对英国的机械学会情有独钟,这或许是因为在年少时受到其父亲的影响。而机械学会在当时比较保守的知识人士中间属于比较开明的社会团体,它甚至摒弃性别歧视而接收女性会员,这在当时是非常了不起的做法。布尔因此很赞赏和喜欢这个学会,时常参与他们的活动,并多次免费为会员们作报告。

此外,布尔的信件中也经常流露出悲天悯人的情怀。移居爱尔兰之后,布尔和妹妹及其他亲友之间有过大量的通信,其内容反映了19世纪中期科克城的很多情况,这也是布尔留给后人的一笔宝贵财富。1849年,当布尔刚到科克城时,就被所闻所见的贫穷深深震撼,他在信中写道:"其恐怖远远超过我以前所遭遇的。"1850年,科克城遭遇洪涝灾害,布尔也曾被洪水困在楼上。人们,包括他的朋友要出行,竟然只能在原来的街上坐小船。从他的信件所透露的信息中可以看到,在科克城的上流社会,整日是花天酒地;而同时在下层社会,却有很多乞丐群集在街头,无以为生。布尔的信件中还反映了19世纪英国学术界的一些情况,例如他在信件中时常提到学校的财政问题,表明当时教授的工资支付系统也是依赖于学校的招生情况。

1849年,当布尔申请去科克城的女王大学工作时,由于没有正规文凭而遇到了困难。这时,布尔乐于助人的品格帮了他的忙,许多人为他写推荐信给科克女王大学。其中有当地的神职人员,也有剑桥大学的编辑,还有几封来自当时著名的科学家。其中一封来自林肯市的推荐信这样写道:"我们非常乐意并真诚地向您推荐受人尊敬的布尔先生，他品格高尚，德才兼备，他非常能胜任在贵校的职位。"信后署名的是林肯市市长埃欧德曼和若干地方官员。林肯市的人们在布尔去爱尔兰的科克城之前，赠送给他一个价值 20 英镑的银质墨水瓶，还有 30 英镑的书籍（当时布尔的年收入不过 250 英镑），机械委员会送给布尔一套昂贵的物理 - 地理地图集。

布尔由于在数学逻辑方面的出色表现，很早就获得了一系列奖励，包括 1844 年获得了英国皇家学会颁发的金质奖章，1851 年当选为科克城女王大学科学院的院长，1857 年被选为伦敦皇家学会会员。

在家庭生活方面，布尔直到 1855 年年届 40 岁时才结婚，他与妻子玛丽·埃弗雷斯是在此前的 1850 年相遇的。玛丽的叔叔是女王大学文学院副院长，也是一位希腊文教授。布尔跟玛丽在叔叔家相遇时，布尔 35 岁，玛丽 18 岁。玛丽从小深受另外一位集探险家和科学家于一身的叔叔乔治·埃弗雷斯的影响，因此也喜爱科学，并且她曾在家跟随父亲学习过数学。在科克城，通过叔叔的介绍，玛丽认识了布尔。她向布尔请教一些关于声学的知识，当她得知布尔是个数学家时，也向布尔请教数学问题。通过学识上的交流，他们成了无所不谈的忘年好友。玛丽回家后，一直与布尔保持着通信联系，这使他们的友情不断加深。

1855 年，玛丽的父亲去世，她因家境贫穷移居到科克城的叔叔家。布尔就在这时向她求婚，二人于同年缔结良缘。婚后，布尔建议玛丽到大学继续学业，这使玛丽最终成为一名儿童教育方面的专家，并取得了一些成绩。布尔夫妇养育了 5 个女儿。在家庭生活中，布尔不但是个模范丈夫,同时也是一个值得称道的好父亲,他时常帮助妻子购物、照顾孩子,还特别关心孩子们的教育问题。在长期的教学生涯中,布尔已经积累了丰富的教育经验,他把这些经验也应用到了女儿们的教育上,为她们设计了适当的教育计划,使女儿们都获得了良好的教育,健康快乐地成长。而他的 5 个女儿后来都有所成就,其中三女儿艾丽西亚·布尔·斯托特女承父业,成长为一名数学家,在多维空间上的几何图形可视化方面有着令人瞩目的成绩。小女儿艾捷尔·丽莲嫁给波兰革命家伏尼契,并于后来创作了闻名世界的小说《牛虻》。

布尔晚年的身体状况一直不好,双眼都有疾病,并且还有遗传性的肺病,在潮湿的气候下,时常加重。1864 年 11 月 24 日,布尔冒着大雨步行去学校作报告,衣服淋湿了,但是他没有马上换掉,因此罹患感冒,然后不幸肺部也受到了感染,从此一病不起,最后于 12 月 8 日逝世。

布尔去世后,为了纪念他,科克女王大学竖立了一扇巨大的朝向东方的布尔纪念窗。后来又修建了一座宏伟的以布尔命名的图书馆,还设立了布尔数学奖学金。1967 年,英国皇家学会以布尔的名字为月球的一个环形弹坑命名,以此作为对这位伟大数学家的永久纪念。

然而,真正的纪念是无形的,是贯穿在现在和将来的无数电子线路、计算机和互联网应用中的看不见摸不着但却无时无刻不在起着重要作用的布尔代数。

(作者:苏洪雨　江雪萍)

诺伯特·维纳

控制论创始人

诺伯特·维纳
(Norbert Wiener, 1894—1964)

今天，已经有越来越多的人认识到：控制论、信息论、系统论影响并改变着 20 世纪的科学图景和人对世界的认识。为什么美国数学家维纳能够成为控制论的创始人？难道仅仅因为他是一个受过多种学科高等教育的神童、一个才华横溢兴趣广泛的科学家吗？如果我们把维纳一生丰富多彩的科学活动放到 20 世纪深刻的科学技术革命的背景上来看，就会发现，正是因为他具有与这股革命潮流相一致的高度自觉的科学精神，才使得他的科学活动生气勃勃，富有远见和魄力，才使得他在相距甚远的学科中作出巨大贡献的同时，又能够从方法论的高度鸟瞰科学图景，从而创立了跨学科的横断学科——控制论。控制论也使维纳超越一般科学家，成为影响人类思想发展的科学伟人之一。

昔日神童

诺伯特·维纳 1894 年 11 月 26 日出生在美国密苏里州的哥伦比亚。他父亲里奥·维纳出身于俄国犹太学者家庭，年轻时一个人漂洋过海到了美国，上岸的时候口袋里只有 50 美分。他历尽艰险，努力奋斗，当过工人和农民，终于凭自己掌握四十多种语言的才能当上了哈佛大学的斯拉夫语教授，全家随迁到马萨诸塞州。这个不相信困难的人决心把儿子培养成天才。

小维纳不负父望，从小就表现了非凡的才能，3 岁就能看书了。家里有很多藏书，他一钻进去就忘了其他一切东西。他什么都读，最感兴趣的是科学。达尔文的进化论深深印入他的脑中，威尔斯和儒勒·凡尔纳的科学幻想小说给他打开了一个神奇的新世界。维纳立志要当个科学家。7 岁的维纳就学了从初等数学到解析几何的全套数学课本，学了物理、化学，加上法文、德文、拉丁文，还看完了大部头的精神病学书。没完没了地看书，他的眼睛越来越坏，看不清东西，笨手笨脚的，字写得一塌糊涂。维纳的算术很差，但他却很喜欢代数，也学得很好。他一下子被 a 乘 b 等于 b 乘 a 这个规则吸引住了，决心自己证明它。最后他想出了一个办法，把一个矩形转 90 度，长变成宽，宽变成长，面积却没有变，$ab=ba$！维纳高兴极了。可是做算术题还是要扳着手指算，毫无办法。他算几年级呢？父亲决定亲自教育他。本来家庭教育就够叫小孩紧张了，还碰上个非常严厉、脾气火暴的父亲。父亲常常为了儿子的一点小错而大发雷霆，把小维纳训得眼泪汪汪的。母亲只好出面干涉，这太紧张太可怕了。40 年后维纳回忆起这些事还不免两眼发潮。不过这种严格训练也有好处，维纳很轻松地念完了高中，11 岁就上大学了。

图茨学院虽然离家很近，但总算逃开了父亲的管束，维纳很高兴。他学的是数学，不过课都不深，只有方程论深一点，讲到了伽罗瓦理论，他没有听懂。物理和化学对他的吸引力倒不小。维纳兴致勃勃地做了接收无线电波的实验，那是他自己设计的，做得很漂亮，要不是二极管诞生了，说不定还会大有用处的。看来少年的维纳不是个数学神童，而是个工程上的神童。维纳的兴趣广泛，变得也很快。第二年他读了一大堆哲学：斯宾诺莎、莱布尼茨、詹姆斯。第三年又把兴趣转到生物学上。数学、物理、生物、哲学加上电工构成了维纳一生的科学活动领域，控制论就是它们的结晶。三年大学生活就是他一生的缩影。维纳书念得不错，可是他太早熟了，很不适应社会，又被父亲管得很紧，局促不安，在不幸的自负和沮丧中摇摆着，很容易冲动又很容易丧失信心。他的父亲还坚决认为维纳不过是个普通的孩子，全靠他的教育有方才成了个神童。维纳的思想更混乱了，这使他在成功中获得的自尊心带上了自我怀疑的味道，一辈子也没有完全摆脱掉。

一心想当生物学家的维纳，14 岁大学毕业后又进了哈佛大学研究院学动物学。在做生物解剖时，维纳手忙脚乱，搞得一团糟。他的思想太快而行动太慢了，老是跟不上，近视眼也跟着捣乱，他只好狠狠心扔下了生物，与其他实验和观察科学也绝了缘。维纳不是个轻易屈服的人，他仍然喜爱生物学，将来还要卷土重来，在生物学中大显身手。可是现在他不得不转到康奈尔大学去学哲学，第二年又回到哈佛。这都是他父亲一手安排的。这一段日子维纳可不好过。他感到十分沮丧，觉得自己"走在一个黑暗的隧道中，不仅看不到尽头，甚至也不知道有没有尽头"。光明终于来了。18 岁时，维纳在哈佛大学获得了数理逻辑的博士学位，接着又得到一个访问学者的名额，动身到英国学习去了。

吸取欧洲的最新科学思想

1913 年 6 月，年轻的维纳来到剑桥大学，跟著名数学家和哲学家罗素学习。维纳终于离开了他的父亲。每个青年人都要有这种独立的经历，对维纳这个一向处于父亲严格控制下的年轻人来说尤其重要，这是一次解放。维纳意气风发。罗素对维纳产生了很大的影响。他告诉维纳"一个搞数理逻辑和数学哲学的人应该懂得很多数学"，并为维纳安排了许多数学课程，指导维纳完成了一系列关于数理逻辑研究的论文。他还教会了维纳如何抓住真正有哲学意义的争论，特别是他要求维纳重视物理前沿的进展。他告诉维纳，爱因斯坦的工作具有头等重要的意义，要求维纳阅读爱因斯坦 1905 年的三篇著名论文以及玻尔的原子理论。维纳以后的数学工作几乎都来源于物理和工程，罗素是他的指路人。爱因斯坦的论文中有一篇是讲布朗运动的，这个题目后来成了维纳最重要的工作之一。罗素是个好老师，维纳很尊敬他，但尊敬不等于盲从。这个学生是敢于提出不同意见的，他对数理逻辑的体系就不迷信。1914 年，维纳在《哲学、心理学和科学方法》杂志上发表了题为《相对论和科学方法》的论文，强调了观察者的作用，并对逻辑体系的完备性表示了怀疑。20 年后哥德尔定理证明维纳对了。

　　罗素要去美国讲学，1914 年春天他把维纳送到哥廷根去完成他一年的学业。哥廷根当时是世界数学中心，人才荟萃。希尔伯特是个数学全才，代表了数学传统。他从不故弄玄虚，总是紧紧抓住基本思想，把高度的抽象能力和对物理现实的脚踏实地的感受结合在一起。他成了维纳向往的榜样。维纳就跟大师们学数学。在这些智力相当的高水平欧洲学者中间，维纳不再感到神童带来的压力，他成为一个青年数学家了。当时这些数学家们经常在罗恩咖啡馆中毫无拘束地聚谈，在这种自由的空气中维纳迅速成长。在工作中他常常会不由自主地着迷和激动起来。数学和艺术是相类似的创造性活动，没有这种激情就不会有成功。不过当时的维纳还缺乏信心，还没有确定自己的方向，离出成果还有很长一段路要走呢！

第一次世界大战爆发后，维纳回到了美国。当时美国的名牌大学居然没有一个抓住这个年轻的天才，维纳又陷入了徘徊。他在哥伦比亚大学和哈佛大学都待过，但都待得不长。在哈佛的时候，维纳在拓扑学上做出了些成绩，被吸收进了哈佛数学会。故步自封的哈佛的教授们很看不起年轻人，维纳饱受白眼。更有甚者，数学系主任奥斯古德因为自己错过了发现勒贝格积分的机会，就不准学生用它。维纳实在受不了这种气氛，他要求平等和自由讨论。他离开哈佛，到缅因大学教了一段时间数学，还做过工程师。他正在寻找自己的路。空闲的时候，他用初生牛犊不怕虎的劲头搞四色问题、费马定理这些世界难题，但没有获得什么成果。美国参战后，维纳一心想从军为国效力，偏偏力不从心，那副眼镜就叫人不敢收他。1918年他只好以平民身份在阿伯丁射击场参加编制高射炮射击表，也算为战争出了一把力。在这里他第一次接触到防空火力系统，也第一次看到了高速计算机的必要性。仗打完了，他又失去了合适的工作。

选定方向：把数学和物理结合起来

生活中的转机到了。1920年维纳到麻省理工学院当数学讲师，对他来说这是个十分合适的学校。学校正在从一个工程技术学院变成一所大学,很欢迎维纳这样的数学家。维纳也以他的热情、正直和敏捷的智力为学校作出了重大贡献。他不再觉得别人轻视他,也没有巨大的压力逼他非成功不可。他可以自由地和同事们谈他的新想法,错了不会有人讥笑,也没有人乱捧他,更没有人鼓励他盲目乐观。维纳如鱼得水,感到非常自在。他精神焕发,开始了自己的数学家生涯。

说来叫人不相信,当时的维纳对现代数学几乎一无所知,他不知道泛函分析、勒贝格积分和积分方程这些前沿领域。一个偶然的机会他打开了现代数学的大门。他的妹妹也是学数学的,她的男朋友在欧洲阵亡,把数学书留给了她。维纳从妹妹那里读到了弗雷谢、奥斯古德、勒贝格等人的著作,马上就转到数学分析上来了。但是搞什么问题呢?

维纳的一个朋友巴奈特出了个主意,建议他搞函数空间的积分问题。维纳动手干了起来,用两年工夫解决了它,并形成了他以后工作的基本方法和核心:用勒贝格积分的方法处理统计问题,使他获得了巨大的成功。勒贝格积分处理各种复杂区域的积分,它正好处于数学和物理的交界处,是最适于描述世界的工具之一。维纳一下子抓住了这个很好的武器。还是在剑桥大学时,哈迪就使维纳认识到数学是表述对宇宙的观察的一种严格和必需的中介。维纳也认为数学应该和物理结合起来,"它的最大使命是从无序中发现有序"。他要为自己的数学问题找个物理模型。维纳经常在麻省理工学院的办公室靠着窗户面对着美丽的查尔斯河,注视着河里的波浪和涟漪,不止一次想给它的运动找出规律来,这一下正好碰上了。

维纳把湍流作为函数空间积分的模型。可是湍流太复杂了，搞不下去，失败了。湍流研究后来启发了维纳的自相关和正交相关函数的思想，可眼下只好另找途径。维纳选了个老相识——布朗运动，获得成功。它比较简单。浮在水面上的花粉小颗粒受到四周水分子不停的碰撞，在水面上做无规则运动，这就是布朗运动。维纳早就读过爱因斯坦研究作布朗运动的粒子的统计行为的论文。现在维纳想研究的是单个粒子的途径，更确切地说是所有这些路径的系综。维纳证明了所有这些路径除了概率为 0 的集合外，都是连续但又不光滑即几乎处处不可微的，并且用勒贝格积分的方法计算了这些路径上函数的平均值。维纳的这项研究后来对概率论有很大影响，可以说是现代概率论的开创性工作。不过维纳在当时并没有认识到这一点，他还是沿着统计物理和数学结合的道路走了下去。

布朗运动只是自然界里大量存在的非决定性行为的一种，这些运动都不能用牛顿的经典力学而要用吉布斯的统计物理来描述。维纳觉得吉布斯的统计观点是个了不起的思想，可惜还有点问题。一是吉布斯的统计观点仍以牛顿力学为基础。从牛顿力学的机械观念来看，自然界的运动之所以会出现不确定性，只是因为我们的知识还不够完备，无法找出因果之间的必然性。这种机械决定论在生机勃勃、变化多端的生物世界面前遇到了极大的困难。物理学的发展则把它的基础动摇了，绝对精确的测量实际上是无法实现的。对生物学与物理学训练有素的维纳，十分敏感地认识到，不确定性和机遇是自然界本身就具有的特征，物理学的时间和生物学的时间一样是不可逆的。这样，维纳摆脱了机械决定论，从统计观点来看待自然规律。他和其他科学家一起，改变了科学界对偶然性的认识。吉布斯统计力学的另一个问题是吉布斯没有找到合适的数学工具，缺乏数学严格性。维纳则致力于把勒贝格积分和统计物理结合起来。沿着这个方向，他搞出了许多漂亮的工作。维纳建立了广义调和分析，处理不能用经典傅立叶积分处理的不完全周期函数，并用它给出了陶伯定理的新证明。维纳建立了一套把复杂运动分解成简单振动之和的思想和方法，把它用于量子力学，帮助玻恩引进了算符，将矩阵力学改造得不仅适于元素辐射的离散谱，而且适合于像太阳光谱那样的连续谱。

当时的量子力学领域是人才辈出的地方，海森伯、狄拉克、泡利、冯·诺伊曼一个接一个崛起。维纳无意和他们竞争，又回到了自己的领域，但他并没有忘记量子力学，经常出入于这个领域。那时维纳到处取得成功，势论研究、积分方程都有不小成就。他还给出了矢量空间的一个公理集，这项工作和巴拿赫的工作几乎完全一致，一起奠定了巴拿赫空间代数这个数学新领域的基础。可是维纳很快离开了这个大有前途的领域。因为他不喜欢和人竞争，又感到巴拿赫空间没有实际应用，和物理结合不上。再加上他在布朗运动的研究上已经取得了进展，这方面的数学工作全是他自己做的，他为此而感到自豪。

离开巴拿赫空间代数这个领域，也许有点可惜，但有所不为才能有所为。用维纳的话说："想做一切等于什么都不能做。"留在代数上，或许也是个大数学家，但是他选的路却使他为人类作出了更大的贡献。和当时的许多数学家不同，维纳不是把数学看作纯形式的东西,而是看成"认识和改变社会面貌的工具"。他说过:"一个有用的数学家就必然是改变社会现实的有力因素。"他的工作主要是把数学和物理结合起来。这个正确的方向指引他获得了一系列成功,最后引导他创立控制论。尽管有些数学家从他们的偏见出发,认为维纳的数学不严密,算不上一个数学家,然而历史却给出了公正的评价,承认了维纳在数学和科学上的地位,同时也就是承认了数学和物理、工程及其他学科结合是一条大有前途的路子。

维纳的数学工作获得了认可,他的自信心恢复了,许多荣誉接踵而至。但他仍然是个谦虚爽直的人,厌烦虚伪的交往,荣誉和安逸不是他追求的东西。1933年维纳当选为美国科学院院士,不久他就宣布放弃了这个别人求之不得的职位,因为他讨厌投票。他当美国数学会副会长也没有几天。不过他和学生的关系却很好,经常和学生们一起散步、爬山、下棋。他和学生下棋总是输,输了还要再接着下,可怎么也赢不了。学生都很喜欢他。上课的时候维纳往往把他的研究工作搬到黑板上去,和学生一起探讨。有时写了一黑板,停下来看看,发现不对,他说声"错了",擦掉重写。学生懂了,他就很高兴。当时电机系有个叫莱维逊的研究生听维纳的课,听得很入迷,维纳发现了,马上把自己的手稿交给他去看。几天以后,莱维逊把手稿拿了回来,指出了证明中的一个漏洞,还另外证出一条引理。维纳大为高兴,马上坐到打字机旁把这个证明打出来,署上学生的名字,就寄到杂志上去发表了。当时,莱维逊站在一旁,惊异地看着这个出名的教授给学生打文章。此后维纳又把莱维逊调到数学系，为他解决家庭问题，将他照顾得很周到。莱维逊后来也获得了波策奖。当初，维纳自己通过博士学位时，尽管文章不错，考试却很勉强，多亏教授们高抬贵手才过了关。维纳一直记着这件事，在他的教学生涯中他从来没有难为过学生。

与工程技术人员合作

麻省理工学院的建筑和美国其他大学不一样，不是一个系一幢楼分开的，而是用一条很长的走廊把所有的系都连在一起。维纳是这儿的一个活跃人物，他和许多系都有联系，尤其和电机系关系更密切。他对电子实验室有很大的影响。大家都愿意找他解决问题，他也乐意为工程技术问题寻找数学方法。可惜有时他的方法抽象得太厉害了点，妨碍了工程师们马上用它。老早工程师们就用亥维赛的算符运算进行电路的分析和设计，可是一直没有理论根据。不少数学家认为这根本算不上是个数学问题，看不上眼。维纳却不这么看。它有实际意义嘛！维纳把它和广义调和分析对应起来，在严密数学的框架中将它形式化了，还得出了新结果。今天，维纳的复域傅立叶分析已经是电路分析的标准工具了。当时维纳也用它去设计电路。那时候维纳收了个中国学生李郁荣，是贝尔电话实验室请他代培的研究生。他俩很快建立起亲密的关系，维纳以理论为主，李郁荣以技术为主，配合得非常好。维纳把通信问题放到新的统计基础上去考虑，指出了电网络参数间的相互关系和它们在电网络的分析与综合中的重要性。从这个观点出发，他们先用傅立叶级数分析电路，设计可调纠错网络，后来集中力量攻滤波器设计问题。工作进展得很快，维纳解决了一系列数学难点，李郁荣在工程上出了不少点子，他们很快搞出了一系列发明，设计出了很好的电子滤波器。东西是好的，可是申请专利却费了很大劲，维纳对这一套太没有经验了。最后专利被贝尔电话公司买去锁进了保险箱，自己不用也不让别人用，怕别人竞争。维纳气得够呛。他的工作应该为人类而不是为私人谋取利益。

不久，李郁荣回国在清华大学任教授，他建议邀请维纳来清华讲学。1935年夏天，维纳带着全家来到中国。他为中国师生开了傅立叶分析的课程，华罗庚、赵访熊、吴新谋、段学复等都听了他的课。知识渊博、才华出众而又平易近人的维纳给大家留下很好的印象。中国的一切也引起维纳极大的兴趣。他请了一位中国老先生教他中文，维纳夫人也是个热心的学生。他们很快就学会了几句中国话，老是兴致勃勃地用中国话和别人打招呼，甚至他回国以后还是一碰上东方人就要说几句中国话。在清华，他和李郁荣继续合作改善滤波器，使它能用到布什的微分分析机上去。布什的机器是用继电器以模拟方式解常微分方程的，维纳对此很感兴趣，一直和布什合作并想把机器发展成能处理偏微分方程。他想用电视扫描方法解决偏微分方程的多变量问题，这就要求这种计算机速度要快，还要是数字式的。

战争的阴影越来越重了。希特勒在欧洲横行霸道，迫害犹太人，日本帝国主义在东方侵略中国。维纳回美国的第二年，抗日战争就全面爆发了。维纳为了支持中国人民的抗日斗争到处募捐。他还积极援救和安排犹太难民。同时也在考虑战争中他应该做什么。

上次大战的经验使他把注意力集中到计算机和电路分析上。维纳向布什建议造高速计算机,并指出它应该是电子的,数字式的,要用二进制,要使用自动程序,让机器自己作逻辑判断,要有数据存储装置。布什觉得当时实现不了,将它束之高阁。计算机的发展证明维纳的意见是对的,他很有先见之明。不搞计算机,维纳就和别格罗合作从事防空火力控制装置的设计工作。当时飞机越飞越快,在战争中作用也越来越大,防空问题变得很重要。飞行员采取机动飞行,飞得又快,高炮瞄准很困难,人跟不上,必须使用自动控制,那就要能预测飞机将要飞到的位置,好指挥炮火向那儿射击。维纳用他的调和分析处理这些飞行轨迹的时间序列,发展了一套获得最优预测的方法,后来被称为"维纳滤波",在设计自控装置中起了很大的指导作用,战后在通信和控制中都获得广泛应用。火控系统中还有个问题,就是人的作用。炮手是人,不会像钟表一样精确到分毫不差,怎样减少人造成的误差呢?负反馈,用负反馈就能使误差减小。不过负反馈也要适当,太大了就会引起振荡,闹不好会把系统也给毁了。人有没有这种情况呢?维纳觉得神经活动中就有负反馈机制。他去找他的老朋友罗森勃吕特。

从科学方法论的私人讨论会到国际会议

罗森勃吕特是个生理学家,早在 20 世纪 30 年代就认识维纳并成了好朋友,两个人都对科学方法论感兴趣。罗森勃吕特那时在哈佛医学院工作,他搞了一个关于科学方法论的私人讨论会。参加讨论会的人有医学家、物理学家和数学家。不用说,维纳是中坚分子。每月一次，大家坐下来，由某个到会者宣读一篇有关方法论的论文。论文一读完就会受到连珠炮一样的批评和攻击。会议的气氛是自由活泼的，批评也都是善意的，可是毫不讲情面。半通不通的思想，过分的自信和妄自尊大都无法在这种猛攻下守住阵地。有些人受不了，不来了。可是经常来的人无不感到这对他们是莫大的帮助。

在这些讨论中维纳和罗森勃吕特建立了这样一种信念："在科学发展上可以得到最大收获的领域是各种已经建立起来的部门之间的被人忽视的无人区。"科学的发展使得学科越分越细，人们的知识面越来越窄，越来越专业化。可是分久必合。专业化使人们只关心自己领域里的事，而科学发展却使许多学科去研究同一对象，它们应该合起来。维纳他们一直期望着有朝一日能集合一批有共同理想的自由的科学家，各行都要，出于对整体的理解和互相取长补短的愿望去一起开发一个新领域。到了 20 世纪 40 年代这种梦想终于实现了。

神经系统有没有反馈不足或反馈过度的情况呢？罗森勃吕特回答是有的。小脑受伤的病人捡铅笔的时候手在铅笔附近不可控制地来回摆动，就是抓不住铅笔，这是反馈过度。脊髓痨等运动性共济失调病的病人反馈不足，也不能伸手抓住铅笔。看来反馈机制对神经系统和自动控制机构一样重要。神经系统和自动控制机的相似之处还不仅在此，它们都是通过从外界获取信息以及由传出消息引起的动作和外界有效地联系起来的，它们处理的对象都是信息。

人类社会从一开始就有人与人之间的通信。手势、语言、文字是主要的通信方式。后来有了有线电、无线电。直到第二次世界大战前后,维纳和申农等人分别建立起信息量概念,才在统计的基础上建立了通信理论。维纳把消息看作由一连串二中择一事件构成的时间序列,并考察这些时间序列的统计特征。维纳指出,信息不仅取决于说的是什么,还取决于可能说什么,它的测度就是在统计力学中叫作系综的一个可能信号集的性质,并把单位信息量规定为对具有相等概率的二中择一事件作出单一选择时所传递出去的信息。这显然是来源于他以前的数学工作:调和分析、概率论……维纳和申农等人一起,建立了以统计为基础的信息论,使通信理论从电机工程中独立出来,成为独立学科,为通信工程的设计提供了理论基础和方法。不过,维纳想得更远一些。在所有的控制系统里,都要知道控制对象的情况才能发命令,命令的执行情况也要收集起来,才能谈得上控制,否则就是聋子的对话,是不会有效果的。要控制就要有通信。控制就是通信。

现在有了一个待开发的新领域了——控制和通信。无论是机器的还是动物的或者人的,控制和通信都有共同点。信息、反馈、控制、稳定这些概念,神经生理学、心理学、通信工程、自动控制、计算机科学这些学科,大家都感兴趣,应该一起来干。1943年初维纳和罗森勃吕特、别格罗合作发表了一篇题为《行为、目的和目的论》的论文,根据随意活动的关键是反馈的思想,论证了目的性就是负反馈活动。1942年底他们在纽约讨论神经中枢抑制的会上,一说出自己的想法,立刻引起了注意和反响。神经生理学家麦克卡洛和数理逻辑学家匹茨立刻用反馈机制来构造了一个神经元模型。

此外，第一代计算机的设计制造者艾肯、冯·诺伊曼等人对此也大感兴趣，经常和维纳交换意见。他们认为需要把感兴趣的人都召集到一起开个会。1943年底，这个会在普林斯顿召开了，维纳是主持人。到会的人中有工程师、数学家，也有生理学家。大家从自己的工作出发对信息问题发表了看法，进行了热烈的讨论。会议开得很成功。大家觉得这些人尽管专业不一样，却有一个共同的思想基础，每一个专业的人都可以利用别人的已经成熟的概念。看来很值得进一步加强合作，最好有一套共同的词汇，省得大家各讲各的行话。感兴趣的人越来越多了，1946年在纽约召开的反馈问题讨论会来的人就更多了，心理学家、人类学家、社会学家都纷纷赶来，他们也要和信息、反馈打交道。参会的人一天到晚读论文、讨论，越谈越觉得有共同点，越感到这问题十分有趣又十分重要，干脆以后每半年开一次会，在这些会上，一个新的领域就这样逐步开辟出来了。

　　古代科学是用一种总体的观念看待世界的，那是一种含糊的、不精确的看法。科学的发展使人们发展了一种分析的方法，将自然界的各个部分相对孤立起来，将它们分割成一小部分一小部分加以研究，这使得人们对自然界的认识大大精确大大深入了，形成了各种门类的自然科学，造成了学科的分工。可是自然界的一切事物都是有联系的，分析的方法尽管具有能够进行深入研究的好处，却割断或忽略了这些联系。随着科学的进步，这种方法的局限性就越来越显示出来了。科学本身需要一种新的统一的整体的观点。而现代生产与战争更是大规模的活动，需要动员整个社会的力量。尤其是在第二次世界大战前后，通信工程、电子计算机设计制造，伺服机构和其他自动控制装置的研究，以及生理学、心理学、生物学的研究，都已经开始相互交叉渗透，都把信息和反馈作为研究对象。建立起新的科学的整体观点、综合观点已经势在必行了。时代的需要提出来了，谁站出来回答时代的挑战呢？因此20世纪40年代几乎同时有维纳的控制论和贝塔朗菲的一般系统论这两门讲整体讲综合的新学科出现。维纳站在前列不是偶然的。他一直坚持从物理和工程中发现他的课题开展数学工作，又一直对生物学有极大的兴趣。对哲学和方法论的兴趣又使维纳相信自然界和科学都是统一的，他在自己的著作中多次引用爱因斯坦说过的一句名言："上帝精明，但无恶意。"他和爱因斯坦一样认为自然界是存在着客观规律的，并且极力主张各门学科的专家联合行动。这使他敏锐地抓到了问题的实质，一下子用信息通信和控制跨越了机器和活体间的鸿沟，为一门新的边缘学科奠定了基础。他热诚地投身于20世纪科学技术革命的潮流中，既能从事创造性的科学理论方面的突破性研究，又能深入到工程技术领域中去抓住富有社会技术效果的新鲜问题；既能敏锐地在物理、无线电工程、数学、生物这些不同学科中开展研究，又能不拘泥具体学科的藩篱而从统一方法论高度寻求共同的规律，这使他高于同时代的许多其他科学家，这些特点正是20世纪科学技术革命所体现的科学精神。高度自觉的科学精神使维纳的天赋才华放出异彩，使他那热情的探索富有远见。

今天，这种系统的、整体的新科学观已经深入各门学科中，使人们对世界的认识更深入了。维纳把这种系统和联系用精确的、数学化的语言表述出来，赋予一种科学的形式。维纳积极主张的开拓边缘学科的想法今天也成为现实，这是现代科学潮流的一个重要特征。这种潮流引起了科学思想的重大变革。

1948 年：《控制论》

在维纳和其他科学家的共同努力下，控制论已经初具雏形，就等着正式宣布它的诞生了。1946 年夏天维纳去法国南锡参加国际数学会议时，遇到了最后一个"助产士"。出版商弗赖曼是个很有见地的人，很支持科学活动，他是法国布尔巴基数学学派的后台。他建议维纳写本书把控制论介绍出来。维纳答应了。维纳给这个关于动物和机器中的通信和控制的整个领域起了个名字——"控制论"。名字来源于希腊语，原意是舵手，后来安培曾用它来表示治理国家的学问。书在 1948 年出版了。书中，维纳阐述了他建立控制论的思想基础——统计观点。他认为世界不是完全必然的，而是充满偶然性的。控制论就来源于这样一个"交互依赖而又不完全的世界"，在这个世界中量的变化是统计的。他在书中论述了信息、反馈、通信、控制、稳定、系统等重要概念。

维纳在《控制论》一书中谈了自己对信息的认识。他说："信息就是信息，不是物质也不是能量。不承认这一点的唯物论，在今天就不能存在下去。"在信息的物质载体发生变化的时候，信息可以保持不变。打电报的时候文字变成数码又变成无线电波送出去，在接收地又转变成文字，形式发生了许多变化，但是信息即电报的内容并没有发生变化。听无线电广播时，收音机收到的无线电波的能量大小并不足以说明收到的是音乐是讲话还是一点意义也没有的噪声。所以信息和物质、能量是有巨大差别的。同时，信息的传输又不能离开物质和能量，离不开物质载体，也必须伴有能量损耗。信息代表了人对自然的更深层次的认识，大大开扩了我们认识世界的眼界和深度。信息反映了客观实体之间的相互联系和系统内部的组织程度。另外，信息还和认识论有很大关系。后来，维纳在《人有人的用处》一书中把信息规定为"我们对外界进行调节并使我们的调节为外界所了解时而与外界交换来的东西"。维纳对科学持有一种操作主义观点，他认为"今天的科学是操作的科学，这就是说，今天的科学认为每一种陈述本质上都联系到一些可能的实验或可观测的过程"。在爱因斯坦的相对论和量子力学中，观察者在"改变观察结果方面的作用，是绝对不能忽视的"。因此维纳极为强调信息通信的作用，认为交换信息是人的"内在生活"和"社会生活的本质"，是人"对外界环境中的种种偶然性进行调节并在该环境中有效地生活着的过程"。

维纳提出的另一个关键概念是反馈。维纳等人认为神经系统活动的最重要特征就是它们具有反馈活动。维纳的这种观点为神经生理学的研究辟出了新径，同时也具有很大的哲学意义。早在1943年的文章《行为、目的和目的论》中，维纳就用行为主义的方法来研究了目的论问题，他略去客体的特定结构和它的内在组织而只检验客体的输出以及输出对输入的各种关系。他定义"行为就是一个实体相对于它的环境做出的任何变化"，并且根据这种变化的不同将行为逐级进行分类，最后将有目的的即趋向某一目标的行为分为非反馈的和有负反馈的即目的论的行为两类。他认为因果过程常常不是单向进行的，而是环形的，"一切有目的的行为都可以看作是需要负反馈的行为"，因此"目的论等于由反馈来控制的目的"，它与非目的论相对立而不是和决定论对立。

维纳所具有的高度自觉的科学精神清醒地反映在他对自己所处时代的理解上。在《控制论》一书中，他说："17 世纪和 18 世纪是钟表的时代，18 世纪末叶和 19 世纪是蒸汽机的时代，现在是通信和控制的时代"，他强调"每个时代的思想都被反映在那个时代的技术中"。因此，笛卡儿把低等动物看作自动机器，莱布尼茨用钟表的模式构造他的自动机世界——单子世界，19 世纪有人把生命看作热机，而维纳认为现代控制机"则通过印象的接受和动作的完成同外界联系起来"，它本身也可以具有学习过程和进化过程。

维纳在《控制论》一书中还提出了一系列重要问题：机器会不会使人退化？会不会控制人？大脑是不是机器？信息的本质到底是什么？它在哲学中的地位如何？这些问题对科学和哲学产生了巨大的冲击，直到今天仍然是科学和哲学界深感兴趣和热烈争论的重要问题。

《控制论》这本书轰动了世界，给维纳带来了世界声誉。他在书中提出的新颖独特的观点和方法吸引了无数读者，全世界都在谈论控制论，有赞成的，有反对的，还有认为控制论万能的，也有将它斥为伪科学和占星术的，议论纷纷。但明显的趋势是，不承认控制论科学地位的人越来越少了。

无疑，社会是个用各种通信方式把人联结起来的系统，也有它的动力学，反馈在其中也起着重要作用，它能够作为控制论研究的对象。人们也从一开始就注意到了控制论在社会科学上的应用。维纳就看到了信息、通信在社会中的重要作用，不过他却认为控制论很难用于社会科学。他持这种悲观态度的理由是他认为统计数字太不可靠了，影响社会统计的因素太多。社会科学主要靠行家作判断。在这个问题上维纳显得有点保守了，这和他过分强调统计有关。实际上控制论并不一定要用统计。研究表明，控制论在社会科学中大有用武之地，它在改变社会科学的研究方法和思想观点，并且已经在促进社会科学的大发展中发挥着重要的作用。

科学、科学家与社会

控制论为自动化打开了大门，这既能给人类造福，使人摆脱机械劳动并促进生产发展，也会制造失业及其他社会问题。怎么办呢？不要技术进步吗？不。维纳要求建立一个以人的价值为基础而不是以买卖为基础的社会，让自动化为人类造福。他认为科学发明像一把"双刃的剑"，既可能给社会带来好处，也可能带来灾难。维纳还特别指出在西方社会中科学往往成为富人的工具，他们对待科学发明"只要有利可图，就不管它们在以后可能带来怎样的危害"。他到处宣传他的观点，在工会领导人和企业家中东奔西走，大声疾呼，呼吁公众行动起来制止少数人为了私利滥用自动化而使人贬值的危险发生。当时许多科学家由于原子弹轰炸广岛和长崎而奋起呼吁制止战争，制止滥用科学成果。维纳比其他科学家更先进了一步，他看到了科学技术本身就能对社会产生巨大的影响，能改变社会的面貌和结构。这种看法今天已经被普遍接受了。维纳独具慧眼当得益于他把社会看作系统的控制论观点。维纳不仅用言论，而且采取了果断的行动来反对将他的思想用于军事目的。大战结束后，有个飞机公司要求维纳为一些武器研究做点计算，维纳一口回绝了。维纳是有话不藏在心里的人，他对保密制度、压抑和控制人的思想的做法都提出了尖锐的批评。这给他带来不少麻烦，可是他始终不悔。只是由于他的世界声誉，他才免遭进一步的迫害。

20世纪40年代末，维纳已经50多岁，体力开始衰弱，智力却没有减退。他不仅是控制论的发现者、综合者和统一者，还是它的普及者和宣传者。1950年维纳写了《人有人的用处》一书，专门论述了控制论和社会的关系。维纳在书中畅谈了通信与学习、语言、有机体、法律、社会政策等的关系，描绘了第二次工业革命的前景，也提醒人们警惕独裁者、战争狂人和唯利是图者滥用自动机和控制论的成果来奴役人民。这本书范围广泛、见解精辟、通俗易懂，受到极大的欢迎，对传播控制论起了很大的作用。维纳到处演讲，热心的听众往往把会场挤得满满的，长时间地鼓掌、欢呼，表达他们对控制论的喜爱。维纳在加州大学伯克利分校演讲时，原定讲一个小时，可是听众热情太高了，讲了两个小时人们还舍不得让他走。

满足和闲暇从来不是维纳追求的东西，他不停地工作，白内障也不能使他停下来。眼看不清，他就口述了两本自传：《昔日神童》和《我是个数学家》，用谦虚而又坦率的态度生动地描写了他的生平。《随机理论的非线性问题》一书的出版就更有意思了。它是写在麻省理工学院物理系的研究班教室里的黑板上的，李郁荣用相机拍下了这些长达 5 英尺的方程式，学生们根据照片和录音带整理出了抄本。维纳一生发表了 240 多篇文章，写了 14 本书，其中还包括一本长篇小说、两篇短篇小说。

  数学一般被认为是年轻人的学问，维纳不服老，仍然在数学领域中坚持奋斗，探讨非线性问题。晚年，他的主要研究阵地又移到生物学上来了。维纳研究的神经反馈开拓了神经生理学的新领域。他还研究了心脏的节律活动。最重要的工作是脑电波分析和自组织系统。这简直是要在木板最厚的地方钻两个孔。尽管维纳做了不少开创性工作，但是都没有来得及钻透。他没有接触分子生物学，这是很遗憾的。

  维纳退休了，他的体力和脑力都衰退了，甚至会在大街上找不到自己的汽车，只好一辆一辆地用钥匙去试。尽管忘了这些低级的事情，他却没有忘记较高级的事情，他还在继续工作。生命的最后一年，他发表了 3 篇论文，出了一本书——《上帝和高兰公司》。最后这本书还是论述控制论未来的社会效果的。

  1964 年 3 月 18 日，心脏病又一次打击了维纳，像他的许多朋友希望的那样，死时没有经受多大的痛苦，他告别了这个他曾经以不安和希望的目光注视过的世界。维纳是在访问欧洲时死在瑞典的。如果有诺贝尔数学奖的话，他早就来这儿领过奖了。逝世前两个月，他由于"在纯粹数学和应用数学方面并且勇敢地深入到工程和生物科学中去的多种令人惊异的贡献及在这些领域中具有深远意义的开创性工作"获得了美国科学勋章。维纳平静地死去了。但是他开创的事业激起了无数青年人的热情,他们在他开辟的领域中开始了自己的职业生涯。这些人数越来越多的年轻人把自己的时代叫作控制论时代,这是对维纳最好的纪念。

(作者:朱熹豪)

阿兰·图灵

近代计算机理论的创始人

阿兰·图灵

(Alan Mathison Turing,1912—1954)

图灵是英国著名的数学家,也是近代计算机理论的创始人之一。他因提出理想计算机——图灵机的理论而享有盛誉。他在1950年发表的《计算机与智能》(其中提出了著名的图灵测验)曾在西方世界引起巨大反响,并引起关于机器能否思维的长期、广泛的争论。

图灵在科学上的贡献是多方面的,甚至包括某种化学理论。他的思想具有突出的开创性和惊人的洞察力。他的工作方法和性格特点也是奇特而又发人深省的。纵观他的一生,我们不得不承认他是科学史上一位难得的奇才。

从剑桥到普林斯顿

1930年,18岁的阿兰·图灵获取了剑桥大学的数学奖学金,第二年他就来到这所古老学府的王家学院学习。头一年,这位舍本中学引以为豪的数学小天才在考试中竟然成绩平平。这也许是因为他的兴趣太广泛了。他参加了学院的划艇俱乐部,曾代表学院参加赛艇比赛;他总爱帮别的专业的学生解决人家学科的难题,谢尔平斯基已用复杂方法证出的一条定理,他又找出一种简单得多的证法,为此颇为得意;低年级的死板功课使他感到索然无味,他自己就一下子钻入高深的数学分支中去了。总之,他在荣誉学位的第一部分考试中只得了二等。但是，在学位的第二部分考试中，他轻易地挽回了面子，成为带 B 星（表示成绩极佳）的一等合格者，并得到了哈罗德·弗莱奖学金。这是一名数学专业的学生所能期望的最高奖赏。

不久，他的数学天才就一次次地表现出来。他在 1934 年写的第一篇公开发表的论文《左右殆周期的等价》，被教授们誉为"非常漂亮的小证明"。紧接着，他另一篇关于高斯误差函数的论文使他一下子由大学生变成了王家学院的研究员，当时他还不满 23 岁。不过那时最使他得意的似乎是：在得到这个任命的当天晚上，他打纸牌竟赢了院长几先令。

这只是初露头角。一年以后，也就是 1936 年，他写的关于可计算数的论文发表后，在国际数学界引起了很大反响，这奠定了他在数学界的牢固地位。

有关这篇著名论文的情况是这样的。1931 年，也就是图灵进入剑桥的那一年，哥德尔发表了关于不完全性定理的论文，使数理逻辑获得了重大进展。但是还有一个重要的数学难题摆在人们面前：怎样判断一类数学问题是不是机械可解的？或者说，一些函数是不是可计算的？

这个使许多大数学家一筹莫展的前沿难题，似乎正合这位初生牛犊的胃口。图灵很快就解决了这个问题，这令人感到惊讶，特别是他所运用的方法更使大家目瞪口呆。

为了定义"可计算性"这个难以把握的概念，他异想天开地搬出了一种"理想计算机"，也就是赫赫有名的"图灵机"。用机器的概念来解决抽象得不能再抽象的元数学问题真是前所未有。当时最好的数字计算机不过是手摇四则计算机，而由一个读写头和一条纸带构成的通用图灵机却可以按照适当的程序写出任何可计算数。实际上它的功能相当于5年以后才开始出现并逐步发展起来的程序控制通用计算机。

在这个定义的基础上，他经过详细论证得出了与哥廷根大学的大数学家希尔伯特看法相反的结论：存在着不可计算数，或者说，存在着一类数学问题，它们不可能通过有限的固定步骤得到解决。

可惜的是，1936年春正当他打算把这篇论文提交出去的时候，丘奇关于"递归函数"的论文于3月份发表了。从本质来说，丘奇论文的结论与图灵相同，但所用的概念与后者相距甚远。在当时看来，图灵的方法不过是更新奇更简洁一些。10年以后，人们才逐渐发现他的理论有巨大的优越性，因为那恰恰是计算机科学理论的基础！

也许正是由于图灵的论文迟了几个月，他才能到美国普林斯顿研究院去做丘奇的研究生。丘奇对他倒是格外器重。1936年秋天图灵到那儿不久，丘奇就为他安排了一次关于可计算数的演讲。图灵的思想引起冯·诺伊曼等著名教授的极大兴趣，但在同学们中间却显得高深莫测，得不到反响。这使他深感失望，觉得来美意义不大，甚至打算在半年后中断学业返回剑桥。这可急坏了这所学院的院长艾森哈特。院长举出种种道义方面的、社会方面的理由劝图灵待下去，并暗示会给他更高的物质待遇，说得天花乱坠，他最终点头答应。

总的来说，图灵在普林斯顿的学习和生活是轻松愉快的。他发表了几篇群论方面的文章。他的博士论文题目是《建立在序数上的逻辑系统》，该文于1939年在《伦敦数学学会汇编》上发表，据说其开创性不下于那篇关于可计算性的论文。他在课余十分活跃，参加了曲棍球队，曾代表本院到其他城市去比赛。他还常参加俱乐部的演出。说也奇怪，图灵平时说话有点儿口吃，表演起来却轻松自如。

他本来期望看到美国的民主之花，但入目的却是人们的粗俗，甚至研究院的同学们都喜欢自吹自擂，这同剑桥的风气截然不同。剑桥才是最让他称心如意的地方。

1938年初夏，图灵结束了在普林斯顿的学业。他经过反复考虑，谢绝了素负盛名的冯·诺伊曼教授让他留在普林斯顿工作的请求，并立即登上归程。

当图灵乘邮轮东去时，粗看起来他的样子与来美时没有什么变化。他后脑勺上竖起来的那缕褐发让人觉得好笑，但略呈方形的下巴显示出内心的坚定。最使人印象深刻的是那双深陷而清澈的蓝色大眼睛，而微微翘起的鼻子带着点儿孩子气，又使人猜不透他的年龄和身份，他变得更成熟了，对未来踌躇满志。他反复思虑着科学技术领域里一项潜在的重大突破，尽管当时它还不大为人们所注意，但图灵一想到它便容光焕发，跃跃欲试。

发明一种能自动完成数学计算的机器，多少年来就是人们的幻想。从帕斯卡的"加法器"到莱布尼茨的手摇四则计算器，再到批量生产的实用型四则计算机，人们费尽心血，也只能借以进行一步一步的运算。19世纪的英国数学家查尔斯·巴贝奇提出来一种诱人的全新设想：应该制成一种能够自动完成一连串运算的计算机即分析机。但是，巴贝奇父子在试制过程中遭到了技术上的失败，使人们感到自动数字计算机仍旧是天方夜谭。一些物理学家和工程师转而去研究模拟式计算机。就在图灵进入剑桥大学的那一年，一名叫布什的美国工程师设计的电气模拟式计算机取得了重大进展，它可用来解某些微分方程。于是各国纷纷开始研制。人们渐渐发现，这种机器的缺陷同它的成绩一样大：计算精度和通用性差，而且这是一种无法弥补的先天不足。因此，又有人重新考虑数字计算机，巴贝奇的名字在某些杂志上又被提到。

  在图灵完成可计算性方面的论文的前一年即1935年夏天的一个晚上，一位名叫大卫·钱珀瑙恩的朋友在图灵家中与他一起纳凉闲叙，话题又扯到了计算机。图灵虽说专攻数学，但对工程问题的兴趣也极浓厚，对计算机也不例外。钱珀瑙恩开玩笑说，如果造出一台自动计算机，也许只有像阿尔伯特厅那样大的屋子才能放得下。可能正是这些谈话启发了图灵，使他想到：机器比人简单得多，用它来定义可计算性比把握人的计算能力要好办得多！于是，像变魔术一样，工程上的设想打进了数理逻辑的迷宫。但是三年后图灵即将重新踏上岛国故土之际，他的逻辑头脑已在盘算制造一台比较通用的自动计算机的可能性。

布莱奇雷——战争与计算机

  从美国返回英国后，图灵立即恢复了王家学院研究员的职位。

他在数学理论研究之余果真搞起了计算机。据他的朋友钱珀瑙恩回忆，就在这一年，图灵为了求 Z 函数的根，"已经设计了一个对牵涉到诸如 $arcos\ 2\pi t/Pr$ 这样的项的数列求和的机器（Pr 是第 r 个素数）"。他记得"该机器包括一套齿数为素数的齿轮"。他"曾陪阿兰（图灵）到工程实验室去了一两次，帮助加工这些齿轮，但是第二次世界大战打断了这个雄心勃勃的计划并且它再也没有完成"。

同样令人遗憾的是，他的设计图未能保留下来，使我们无法判断这台计算机究竟是数字机还是模拟机，或是二者的混合物。不过，若无战争的干扰，很可能它也会在计算机工程史上占据一席之地。

第二次世界大战一爆发，图灵立即被征召到外交部通讯部所属的布莱奇雷密码学校从事破译密码的工作，投入了那场秘密战争的旋涡中心。其间的内幕一直属于绝密，直到差不多 30 年以后才披露了一点儿事情的梗概。

密码学校设在白金汉郡的布莱奇雷公园内。当时同图灵一起来到布莱奇雷工作的还有不少英国第一流的数学家及第一流的国际象棋棋手，其中包括皇家学会会员纽曼和英国象棋冠军亚历山大。这是很自然的事，因为破译密码与数学和博弈的关系最为密切。他们是幸运的，因为他们没有像第一次世界大战时的同行那样被送到前方的战壕里。这也许是由于著名诗人鲁珀特·布鲁克和著名年轻物理学家莫斯利在那次大战的阵亡给人们留下了惨痛的教训。然而后来的事实证明，幸运的恰恰是英国和盟国。如果没有图灵等人的巨大功绩，也许英国已经战败。

布莱奇雷的工作面临着巨大困难。德国人为保证他们"闪电战"的神经中枢——无线电通信的快速与安全，制造了一种被英国人称为"谜语"的密码机。每部"谜语机"有 3 个或 4 个转子及一个反射器，它们由一定的线路连接起来。每个输入字母要依次经过每个转子的简单代换，到达反射器后再经过各转子的代换变成另一个输出字母。特别是，每变换电文中的一个字母，各转子就要按照具体的秘密规定转动不同的角度，这样就改变了变换方式。另一台按同样规定转动的"谜语机"很容易自动地将电文恢复原样。另外还经常选用不同的转子并改变插接板。这样每次发报时，机器可能处于的不同内部状态是个极大的天文数字。若猜不出确切的内部状态，电文就无法破译。因此，破译德军密码的工作最初看来毫无希望。

图灵领导着代号为"8 号房"的分部。其中心任务是对付德国海军使用的那种最复杂的"谜语机"。他手下有 10 余名数学家、4 名语言学家和 100 名从事一般计算的姑娘。图灵有时开玩笑地称这些姑娘为"奴隶"，因为她们的工作非常死板而枯燥。其中有一位漂亮姑娘有较好的数学头脑，曾和图灵很要好，可惜这段浪漫史未能延续下去。图灵后来一直没有结婚。

在布莱奇雷，图灵的学识令人敬畏，人们都称他为"教授"，不少人反而不知道他的名字。"教授"和他的同事们经过艰苦努力，工作开始有所进展。但是，破译的速度太慢，很容易由于过时而失去它的重大价值。因此，制造一种能够部分地代替"奴隶们"的工作的快速计算机的任务就提了出来。

最初的计算机的代号叫"炸弹",图灵参加了这种机器的设计。显然,计算机不可能试遍发报的"谜语机"所有可能的初始状态,因而必须对这种计算机的工作原理提出创造性的思想。据古德回忆,一个不大容易想到的基本思想是图灵提出的,它极大地提高了这种计算机的能力。

"炸弹"大约有 8 英尺高,被人形容为"女神铜像"。它内部装有与"谜语"密码机的转子相对应的转轮和复杂线路。目前,人们还不清楚当时苏联人是否研制了类似的计算机。如果不把他们考虑在内的话,"炸弹"就是世界上第一台高速密码分析机。

在"炸弹"的基础上,道利斯山的邮电研究所根据纽曼等人提出的规范又设计并制成了"海斯·罗宾逊"密码分析机。图灵也频繁地参与了这种机器的研制工作。该机已使用了数十个电子管和光电读入器。1942 年该机安装完毕并开始试用。

1943 年底,又制成了"巨人"密码分析机。这种机器主要是由邮电研究所的弗劳尔斯设计的。它的大量计数电路和逻辑电路都是电子线路,使用了大约 1500 个电子管,极大地提高了处理数据的能力。按照英国人的看法,它是世界上第一台数字式专用电子计算机。

图灵没有直接参与这台计算机的设计工作,但他同别人一起提出了该机必须满足的要求。在这年 3 月之前的几个月里,他曾在美国执行某些秘密任务,大概涉及两国在密码分析机上的合作。后来,不少人猜测图灵的美国之行曾导致他同冯·诺伊曼的会面,从而推动了世界上第一台数字式通用计算机埃尼阿克计算机的诞生。

但英国兰德尔教授的调查表明，在战争期间两人会面一事并无可靠的根据。

有趣的是，虽说"巨人机"的主要设计人员基本上都不是数学家，但他们都很了解图灵的通用理想计算机思想，而且很明了这种高深思想与自己所从事的工作的紧密关系。很多曾在布莱奇雷工作的人都回忆起当时对图灵的通用机思想的讨论。这也许同在战争压力下数学家们与工程师们的通力合作有关，也许同图灵本人就在他们中间有关。总之，在第一台专用电子计算机诞生的日子里，理论与实际的关系比后来人们的一般看法来得更为紧密。

那些在大西洋彼岸研制埃尼阿克计算机的莫尔学院的人们，当时是否都了解图灵的思想还不得而知，但至少冯·诺伊曼是清楚的。他曾一再向别人强调："如果不考虑巴贝奇、洛夫莱斯和其他人早先提出的有关概念，计算机的基本概念属于图灵。"

在布莱奇雷紧张而繁忙的日子里，图灵并没有终止在一般计算机方面的研究。他被人们看作一名业余电子工程师，自己设计并动手装配了各种各样与计算有关的电子装置。因为他常常是关起门来搞研究，所以人们很难搞清楚这些装置的详情。就在"巨人"制成前后，他的思想已经远远向前发展。他不仅在考虑通用电子计算机的计划，甚至打算用这种计算机来进行某些智能活动。他的智能机器的妙想引起了密码学校的人们尤其是年轻人的极大兴趣，甚至导致了一次次的热烈讨论。当然也有不少人觉得未免太离奇。

战争的烟云并未使人们丧失幽默感。在布莱奇雷，有关"教授"的笑话最让大家觉得开心。图灵从来不拘小节，毫无架子，常常显得心不在焉。每逢春夏之交，他都容易患一种花粉引起的过敏病。为了防止看不见的花粉的侵袭，他想出了一个高招：在骑自行车上下班时戴上一个防毒面具。"教授"第一次以这副尊容"驾到"时，大家不禁愣住了，继而又笑得前仰后合。

"教授"偶尔会到公园围栅外边散步。他常常停住脚步凝视着围栅陷入沉思。他的这种举止引起了当地保安部门的怀疑。有一天，他再次到一个地方散步时，两名便衣警察已经恭候多时了。经过一番严格的盘查，"教授"终于被放走了。但是，"教授"被捕的趣闻却传遍了整个密码学校。

在战争形势非常险恶的时期，他为了不让自己的存款落入敌手，就把这些钱兑换成银锭，埋藏到郊外的一个秘密地点。等到局势好转他前去挖掘时，却找不到这些"财宝"了。后来他还自制了土探雷器，并请了帮手去寻找，仍然一无所获，这使他懊恼不已。

布莱奇雷的破译密码工作取得了辉煌成果，使英国军事当局在战争的大部分时期得以洞悉德军的主要部署和动向。例如，在破译了地中海和北非地区德军的"谜语"之后，为隆美尔将军运送给养的船队几乎全被击沉。这位常胜将军后来的每一个战斗计划都被对方知悉，难怪他被英美联军打得全军覆没。

为了表彰布莱奇雷的人们的巨大贡献，在战争胜利时，图灵等人被授予了英国荣誉军官的"O.B.E."勋章。

"ACE"（电子计算机）报告

1945 年底，也就是第二次世界大战结束后不久，世界上第一台通用电子计算机埃尼阿克在美国完成制造。这台计算机的计算速度震惊了全世界。可惜，甚至在它完工之前，一些人，包括它的主要设计者就已经认识到，它的控制方式已经过时了。

原来，埃尼阿克计算机并不是像现在的计算机那样利用一条条指令（也就是程序）来进行控制的，而是利用硬件或者说是利用由插接板和转换开关所连接的逻辑电路来达到控制运算系列的目的。它可以在几分钟之内完成一项复杂运算，但是要改变一下运算题目，要花十几个甚至几十个小时才能作好准备。因此，设计一种新型的程序控制的电子计算机的艰巨任务摆到人们面前。

1945 年 3 月，冯·诺伊曼、埃克特、莫奇利等人提出了著名的 EDVAC（电子离散变量自动计算机）报告，叙述了一种有关存贮程序控制的电子计算机的总体设想，规定这种计算机应该由运算器、控制器、存贮器及输入输出装置等五个部分组成，但没有提出更细致的结构。近年来发表的材料表明，提出有关存贮程序计算机的第一份比较详尽的总体设计方案的不是别人，恰恰是图灵。

战争刚刚结束，图灵就向英国政府有关部门提出了制造大型电子计算机的建议。他谢绝了回剑桥当讲师的邀请，并在 10 月份被推荐到泰丁顿英国国家物理实验室任职。他在 EDVAC 报告的基础上，融合了自己在战前以及战争期间迸发出来的一系列天才思想，于 1945 年底写出了 ACE 计算机总体设计方案的报告，并被作为国家物理实验室研制 ACE 计算机的主要基础。可惜，这份报告在相当长的时期内都未发表。

大约在半年之后也就是 1946 年 6 月，冯·诺伊曼等人在《电子计算机装置逻辑结构初探》的报告中提出关于 EDVAC 计算机比较详细的总体设计，成为计算机发展的主流。

但毕竟是图灵首先提出了某些重要的计算机设计思想，而他的某些古怪想法，尽管在当时显得另类，在后来却表现出新的意义。例如，就 ACE 报告来看，这种计算机采用了独特的运算方式。它的运算器的运转（微操作）不单单是由内部的逻辑线路组成的控制器所操纵的，还有一部分微操作是由运算器内部一个寄存器发出的信号决定的。这就与广泛使用的"常规逻辑控制方式"不同，而与后来的"存贮逻辑控制方式"或"微程序控制"有某些类似之处。很明显，这有利于变换运算器的运算方式，但这又有什么用呢？在当时不大能看出来。

到了 1972 年，美国宝来公司制成了一台具有特殊性能的计算机 B-1700。它是一个仿真系统，其核心就是微程序控制，可以通过不同的微程序来模拟不同机器的硬件，因而可以直接使用其他机器的程序，而不必像一般计算机那样，只能以低速靠程序系统的帮助来执行别的机器的程序。无巧不成书，图灵在 1945 年写的报告也在 1972 年发表了。当人们在 20 多年前的图灵的报告中发现了仿真系统思想基础的最初来源时，不能不深感惊讶，赞叹不已。

另外，指令寄存器和指令地址寄存器的概念——计算机技术的最根本概念之一，也是由图灵在该报告中首先提出来的。众所周知，通用计算机必须具备执行条件分支指令的能力，也就是说根据运算的中间结果自动改变下面的运算程序。有了指令地址寄存器，只要根据"条件"改变一下寄存器内的"地址"，也就改变了下面的程序。这实际上就是图灵的想法。

图灵在这篇报告中还提出了子程序和子程序库的思想，以及关于错误自检系统的想法，甚至还考虑到机器自动编译程序的可能性。有趣的是，如果我们对 ACE 报告仔细加以分析，就会发现图灵理想计算机的影子。

例如，一条微指令直接控制一个微操作这种运算方式与理想计算机是很相似的。在理想计算机中，对应于一条指令的每一个操作也是极简单的，但却能组成任一种复杂运算，适应性很强。另外，条件分支指令及子程序思想的实质也可以在理想计算机中看到。

图灵报告中的部分设计思想反映在 ACE 计算机的模型机——"Pilot ACE"中。这种机器于 1950 年制成，获得了较大的成功，后来又生产了 30 台，这在当时是不多见的。大型的 ACE 机是在 1958 年完成的，与图灵最初的设计相比有了很大改变。但"图灵仍被看作是它的发明者"，"是它的一般逻辑思想特别是它们之中比较革命的方面"的首创者。

"图灵测验"与智能机器

1952 年 1 月 14 日，英国 BBC 电台在第三套节目里安排了一段别开生面的内容，吸引了无数听众的注意。广播的是几位著名科学家进行辩论的实况。辩论的题目为"可以说自动计算机能思维吗？"参加辩论的有皇家学会会员杰斐逊爵士、剑桥大学研究员布雷斯维特、皇家学会会员纽曼教授，以及图灵。

在纽曼的温和支持下，图灵劲头十足地坚持计算机能思维，第一个冲出来与对方辩论。反对派的代表是杰斐逊,他也毫不相让。但是面对图灵切中要害的步步进逼,他最后只好用这样的话来抗辩:"图灵,有那么一天,比如说在第四套节目里听两台机器讨论人们为什么认为它们在思维,那就是开玩笑。"

如果他们当时知道,甚至在 30 年后人们对这个问题仍未取得比较一致的意见的话,或许他们争论的劲头就不那么大了。实际上,无论是杰斐逊爵士还是图灵都在这方面作了许多研究,而且已经打过笔墨官司。前者在 1949 年出版的讲演录中已经阐明对这类时髦观点的不同见解,而后者则在第二年发表的《计算机与智能》(重新发表时题为《机械能够思维吗?》)一文中驳斥了他的某些看法。正是在那篇文章里,图灵提出了著名的"图灵测验"。

很明显,要想把机器能否思维的问题讨论清楚,首先要给"能够思维"下一个明确的定义。但是要给出这个定义,其难度不亚于给出"可计算性"的定义。图灵再次表现出令人羡慕的机智,以图灵测验这种使人赞叹的方式回避了哲学的陷阱。该测验就是一个"模仿游戏"。模仿游戏要由三个人来玩:一个男人 A,一个女人 B,以及一个同他们隔离开的询问人 C。C 为了弄清楚 A、B 两个人中谁是男人可以通过电传打字机提出各种问题,而 A 为了使 C 作出错误的判断可以随意回答。图灵测验则要求由一部计算机来担任 A 的角色,看它能否像人那样使 C 经常作出错误的判断,并以此来判断该机器能否思维。图灵在这个定义的基础上对反对机器能够思维的各种意见作了有力驳斥。可以说,即使在今天,图灵测验仍有重要的哲学价值,仍然是人工智能领域的重要话题。

图灵对机器智能的前途充满信心，这根源于他多年来坚持不懈的探索。在提出 ACE 报告以后，图灵在国家物理实验室又干了一年多。一方面他感到 ACE 计算机的发展速度太慢，另一方面工程师们对他的各种要求感到难以满足。这种矛盾导致了他从 1947 年后半年开始到剑桥休假一年。随后他便辞去了国家物理实验室的职务，来到曼彻斯特大学任讲师，并担任曼彻斯特电子计算机计划的助理主任。他为这台当时存贮量最大的计算机编制了大量子程序，并出版了《曼彻斯特电子计算机程序员手册》。这些年，他在机器智能方面可以说是硕果累累。1947 年，他在一次计算机会议上作了题为《智能机器》的报告。第二年，他为国家物理实验室写了关于学习机的报告。1950 年他发表了那篇提出图灵测验的文章。之后还发表了一篇关于计算机下棋的文章。

其中《智能机器》报告中的思想极为深刻、新奇，似乎远远超出了当时人们的想象力。1959 年，该报告编入《图灵选集》首次发表，未引起人们的普遍注意。直到 1969 年在爱丁堡大学编的《机器智能》文集第五集里论文再次发表以后，也就是人工智能的研究工作取得了一定实际进展之后，人们才开始理解这篇报告的开创性意义。

在这篇报告里，图灵在论述了智能机器的可能性之后，就以他特有的理论彻底性对包括智能计算机在内的所有机器作了严密的分类：

其中最突出的是，他把数字计算机分为两类：一类是有组织机，一类是无组织机。有组织机不仅包括图灵机和一般的真实计算机，还有纸机器和随机机器。什么叫纸机器呢？图灵写道："用写下一套步骤规则并请一个人去执行它们的办法来达到一台计算机的效果是可能的。这样一种人与写好的指令的结合将被称作一个'纸机器'。"这是很有趣的，因为图灵把手工计算也归到他的计算机系列中去。这使人不由得想起他在布莱奇雷的那些"奴隶"，甚至联想到他关于可计算性的定义。

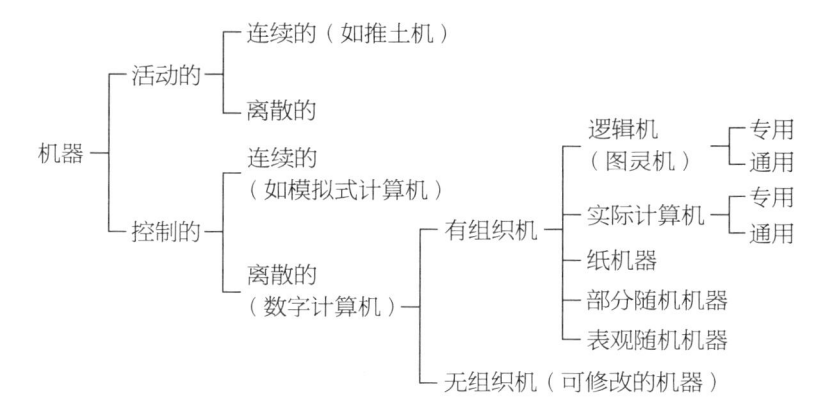

```
                ┌─ 连续的（如推土机）
        ┌─ 活动的 ─┤
        │        └─ 离散的
        │                                   ┌─ 逻辑机    ┌─ 专用
        │                                   │ （图灵机） └─ 通用
机器 ─┤        ┌─ 连续的                     │
        │        │ （如模拟式计算机）         ├─ 实际计算机 ┌─ 专用
        └─ 控制的 ─┤                   ┌─ 有组织机 ─┤            └─ 通用
                 │                   │          ├─ 纸机器
                 └─ 离散的 ───────────┤          ├─ 部分随机机器
                    （数字计算机）      │          └─ 表观随机机器
                                      │
                                      └─ 无组织机（可修改的机器）
```

当然，最耐人寻味的是所谓"无组织机"。他说："在其构造上是很随机的机器将被称为'无组织机'。"他把无组织机看作类似于人脑的东西。他认为，这种机器既无固定的构造，也无固定的程序，但在外部信号的刺激下却可以逐步改变自己的行为。或者说，无组织机是可以被组织起来的，是可以接受教育的。但是，组织或教育只能通过外部信号的干预，而不能通过螺丝刀和电烙铁。干预的结果将使一台无组织机转变为一台有组织机或通用计算机。

如何更有效地利用干预来训练机器呢？他提出了"奖－惩"的办法。如果机器对于外部的信号的尝试性反应是对的，将得到一个

"愉快"刺激，使这种内部状态通过"记忆"加以巩固，否则就被删除掉。这样，利用记忆系统机器就会形成一个个子程序，变成各种用途的通用计算机，当然也包括智能计算机在内。

实际上，到 20 世纪 90 年代为止，所有执行人工智能的计算机都没有突破通用计算机的框框，因而都算不上无组织机。要实现图灵的梦想，需要极大数量的功能、极为灵活的硬件和惊人的存贮容量，短期内根本无法做到，在几十年前就更让人无法想象了。无怪乎纽曼夫人曾这样回忆："我记得大约在 1949 年，阿兰和我丈夫坐在我们在鲍敦的花园里，讨论那台曼彻斯特计算机和它将要完成的各种工作。这样的讨论已进行过多次，我不会参加进去，也不大留意其内容。但是，突然有句话钻进了我的耳朵，使我不禁感到脊背发凉。阿兰在沉思后说道：'我料想，当它到了那个阶段，我们将不知道它是如何工作的。'"

也许是历史的巧合，大约在图灵逐渐形成他的机器智能思想的同时，也就是在战争结束前后的那几年里，维纳、阿什比等人的控制论思想也逐渐成熟。他们也考虑到有关"自组织机"的思想，但最初并未同数字计算机联系在一起。他们有关"智能机器"方面的思想也远不如图灵来得深刻和系统。1947 年春天，维纳在去欧洲大陆的中途，在英国会见了图灵，交流了这方面的思想，并对图灵的研究留下了深刻印象。也许正是由于这次会见，维纳在这一年 10 月份所写的《控制论》序言中才这样说："图灵也许是第一个把机器的逻辑可能性作为一种智力实验来研究的人。"

计算机大奖以他命名

1951年春天的一个晚上,图灵母亲的家中举办了一次气氛欢快的招待会,对图灵当选为英国皇家学会会员表示庆祝。特别令图灵高兴的是,在纽曼首先提名之后,罗素立即表示附议。在皇家学会证书上正式签字时图灵相当激动以至于字迹难辨。正如他自己说的那样,当时就好像有个监视他的人"正用自己的生命守护着那张证书"。也许心情更不平静的是他母亲,她的眼睛里流露出由衷的喜悦和骄傲,自己的小儿子终于成为一位举世公认的天才。对于这样一位具有数学和发明双重天赋的非凡人物,也许有必要追溯到他的童年甚至家世。

阿兰·图灵的祖父就具有突出的数学天赋。不过,图灵的父亲却对数学一窍不通,甚至对于负数乘负数等于正数这样一个规则也感到不可思议。另一方面,图灵的外祖父是一位很杰出的铁路工程师,曾在印度负责修建过好几座巨大的铁路桥梁。图灵外祖父所属的斯托尼家族,本来就是科学世家,19世纪曾出过一些杰出的物理学家和工程师,其中有三人是皇家学会会员,一个人甚至当过都柏林分会的主席,曾预言过电子的存在,被人们称为"电子斯托尼"。

图灵并没有机会直接受到这些前辈的教诲。他母亲受过高等教育,对图灵的成长倾注了不少心血。图灵从小就表现出创造性倾向。据他母亲回忆,他的首次"科学实验"是在3岁时进行的:他的一个玩具上的小水手碰坏了,他就把掉下来的小胳膊小腿埋在花园里,等待长出一个小水手来。他的父母曾长年在印度,他和哥哥约翰留在英国，他就无拘无束地搞起各种各样的"发明"来。这个星期刚刚制成一种利用野草汁配制的特殊饮料，几个星期后又为他爸爸发明了一种"混合烟草"。

大约 10 岁时，别人送给他一本名叫《每个孩子应该知道的自然奇观》的书，从此他对科学着了迷，并且再也没有动摇过。他 12 岁时在给母亲的信中曾说过这样一句话："看来我总想用最普通的东西……来做东西。"这从某个侧面预示了他一生的特点。

上中学后，他就表现出难得的数学天才。大约在 15 岁，他独自发现了计算 $tan^{-1}x$ 的值的格里高利序列。当他去问这个数列是否正确时，他的老师还以为他是从哪本书上抄下来的。他对物理、化学等自然科学的兴趣也极为浓厚，课外搞的实验更是五花八门：从悬挂在楼梯间的自制"傅科摆"到用球形灯罩绘制的天球仪，从饲养果蝇观察它们的遗传规律到用火堆烧制陶器，从用自己拣来的海藻提炼碘到在宿舍的窗台上点燃由化学药剂产生的气体……可以说是无所不包。在 15 岁时，他还写过一个相对论的梗概以帮助母亲理解这个理论。

但他对拉丁文和英文等课程丝毫不感兴趣，使那些注重平衡教育的教师大伤脑筋。有一段时间，图灵的书写糟得吓人，他母亲甚至在节日里陪着他重新抄写。经过一个学期的努力，老师在期终的评语却是"同以往任何时候一样差!"到了要发毕业证书时，文科教员同数理方面课程的教师发生了激烈的争执。前者认为图灵的考试不合格不能毕业，后者认为这个在数学竞赛时屡屡获奖的天才学生若不能毕业实在荒谬。校长采取一种折中的办法，给了他一次文科补考的机会。最后他终于以很不错的成绩通过了补考。不久以后，他就迈进了剑桥的大门。

无论在学生时代还是成年以后，数学对他来说似乎都是一种乐趣，是一种活生生的东西。按照他的一位熟人的说法，图灵"能够扫一眼就把整页的数学论文完全理解，能用这么一瞥就读完报纸上的一个段落的人就很罕见，而他会把许多页的计算完全丢开，一下子跳到前头，用心算来进行论证并说出定理和推论"。这位熟人还说："我从未遇到过一个能如此全面地精通本专业的全部分支的数学家。首先他充满了热忱——他把自己在研究中感受到的乐趣传递给他的学生和同事们，并使他们的工作仿佛是激动人心的挑战而不是由如此众多的讲师们组成的庄严典礼。"另一方面，虽然他的数学洞察力如此敏锐，但是研究时奋力向前的急切心情常常导致他犯一些最简单的算术错误。

不循惯例是图灵的一个突出特点，甚至在他的数学著作中也常常不借用别人现成的结果而另搞一套，这无形中使别人感到难懂。最令人惊叹的是他能在几个根本不同的领域里都有所建树。从数理逻辑、群论到计算机，从破译密码到机器智能，最后几年又搞起了有关"形态形成"的化学理论，据说这与生命起源有密切关系。

除了发表的著作，他还有不少有趣的思想，其中有些想法与别人的独立工作不谋而合。战争刚刚结束时，他曾同朋友们在水上泛舟，言谈之间提起舵的滞后反应，他说，他确信存在着一种过分补偿的规律，这个规律会在各种不同的领域中得到非常广泛的运用，而他已经着手去作一些描述。很可能，在他看到维纳等人的著作后，才发觉自己无意中重复了别人已在进行的工作。

虽然图灵在研究方面屡建奇功，但在社交方面很不活跃，甚至有点儿孤僻。人们公认他为人善良、诚实、谦虚，还有点儿天真，但是过度的羞怯有时也阻碍了同一些人的交往。杰斐逊教授曾谈到他对图灵的印象："在我看来，他对人情世故如此无知，如此孩子气，对于一般模式来说是个如此异乎寻常、如此不合规范的人……如此漫不经心。他的天才闪闪发光，因为他还没有完全成年。我想，他是一枚科学的珍贝。"

总的来说，图灵是忽视常规的，但有时也抱住一些死规矩不放。例如，他坚决反对英国同事给他写信时称他为"博士"。因为他的博士学位是美国的，所以按照他的看法，在美利坚合众国之外使用这个头衔是错误的。一些朋友知道他有这个忌讳，就故意借此和他开玩笑。

图灵的腼腆并没有妨碍他在熟人中表现他的幽默感甚至搞点恶作剧。据弗莱德·克莱顿教授回忆：有一次，图灵和大卫·钱珀瑙恩用一台录音机捏造了一个虚假的讨论会，图灵扮演得非常逼真，以至于克莱顿教授在最初几分钟相信这是收音机广播，险些上了当。爬山是图灵的一大爱好，有时会发现一些山洞，他就用泥块仿照穴居野人的样子伪造几幅壁画，以蒙骗粗心的考古学家。

作为一位著名学者，最难得的是他出色的长跑成绩。战后，他加入了沃尔顿体育俱乐部，并两次打破了该俱乐部的长跑纪录。1947年举行了英国业余体联的马拉松冠军赛，图灵因故当天才赶到比赛地点。也许是由于年龄大的缘故，在赛途中他曾因抽筋而躺倒在路旁。尽管如此，他还是进入了前 15 名，比冠军慢 13 分钟。在这次成功的鼓舞下，他曾计划参加即将来临的奥林匹克运动会的预选赛。为此，他开始进行比较正规的训练。后来，由于髋部受伤他不得不放弃了这个计划，但这并不妨碍报纸上把他称为"电子运动员"。

图灵在曼彻斯特大学工作期间，曾在乡间买下一所房子。他把其中的一间小屋改装为实验室，进行了种种不同的电气及化学实验。有的实验是为了研究，有的纯粹是为了好玩。有时他像小孩子一样，不满足于观察实验结果，还冒险用手指去试试，再加上他粗心大意，曾几次触过高压电。由于图灵做的实验很不安全，有时他的合作者宁愿到厨房去做自己的工作。

在他生命的最后一段时期，他曾给一把小勺电镀上金，用他外祖父的金壳大挂表作为金的来源！这个实验大概使用了氰化钾，这种药品就放在一个抽屉里。当时他进行的另一种实验是所谓的"荒岛游戏"，就是试验一下利用电池和荒岛上所能找到的天然物质可以制出哪些化学物质，其中也包括氰化钾。

1954 年 6 月 8 日，图灵的女管家发现他死在自己的床上。据推测，这发生在前一天夜里。经过调查，死因是氰化钾中毒。究竟是自杀还是失误中毒很难完全肯定，因为他死后实验室里的一项"荒岛游戏"的实验还在进行之中。卧室内未发现氰化钾，桌子上还放着一封未发出的接受邀请去看戏的信。凡是在那几天遇到他的人都认为当时他心情很愉快。

无论他的死因到底是什么，毋庸置疑的是他的早逝是科学界的一大损失。他还未满 42 岁，正处于智力的巅峰状态。他在"形态形成"方面的研究有希望获得更深入的结果。如果他还在世，他那充满独创性的头脑肯定还会出现许许多多奇特的思想。

人们为他的突然去世而震惊，而痛惜，在回顾他一生的贡献时不由自主发出种种赞叹。为了纪念他的巨大功绩，美国计算机协会从 20 世纪 60 年代开始设立了一年一度的图灵奖，以表彰那些在计算机科学中作出突出贡献的人们。

图灵离去至今已经 70 年了。人们对他的印象不仅未随着岁月的推移而淡漠，反而愈来愈有力地感受到他的洞察力之深刻。

大家都知道，冯·诺伊曼于 1945 年起草的 EDVAC 方案中包含了一个根本的思想，就是"存贮程序"的概念。过去人们很自然地认为这个概念的提出者就是冯·诺伊曼。但是他去世后，特别是 20 世纪 60、70 年代以来，人们又对此产生了争议。当时莫尔小组的莫奇利和埃克特认为这个概念是他们最先提出的，而一起工作的戈德斯坦等人则坚持认为是冯·诺伊曼先提出的，但都拿不出直接的证据。1973 年，英国的兰德尔教授提出，图灵 1936 年可计算性的论文就已经隐含着把指令存贮在计算机主要记忆中的最早建议。因为在通用图灵机里，指令和运算数据都放在同样的纸带上，不仅有同样的读写速度，而且同样是可修改的，这正是存贮程序控制计算机的根本特征。

1969 年，美国的瓦尔丁格在他的博士论文中提出了一个有关人工智能的独特思想，即借助证明来实现程序设计，引起人工智能界的很大兴趣。恰恰在这一年，图灵的《智能机器》报告又重新发表了。北京大学的吴允曾教授指出，实际上图灵在1947年写的这篇报告就已经明确提出，可以把自动程序设计的问题转化为机器证明的问题。我们看到，在这里图灵超越时代竟达22年！

1981年《科学美国人》第11期上刊登了美国杜克大学一位副教授尼约特写的题为《蝴蝶和蛾类翅膀的彩色图案》的文章，对人们从20世纪20年代就开始研究的蝶翅条纹的规律问题提出了新的见解。他认为可以假定蝶翅上的颜色取决于两种化学物质的浓度。其中一种物质是由几个叫作"眼"的特定点向四周成梯度扩散的，而另一种物质则是沿着一个或两个方向成梯度分布的，这样就很容易解释蝶翅上的各种花纹。实际上，如果我们把这种思想与图灵1953年前后有关"形态形成"的思想加以对比时，就会发现前者不过是后者的粗浅特例。图灵把决定颜色或形态的各种化学物质称为"成形素"。他不仅找到了形成平面形态（如奶牛体表的花斑）和立体形态（如放射形虫和叶序分布方式）的规律，还利用场论中常用的算符给出了在各种复杂条件下的一般公式。图灵的有关文章发表在当时的《皇家学会会员通讯录》中。该刊的发行量很小，同时他那深奥的数学公式令当时的生物学家们望而生畏，因而并未受到广泛的注意。当今天的一些生物学家为这类问题苦苦思索时，他们仅仅触及图灵有关思想的一些皮毛。

如果联想到前面已经谈到的有关ACE计算机和智能机器的重要思想，我们不能不承认图灵是一位科学史上罕见的具有非凡洞察力的奇才。他的独创性使他在生前就已闻名海外，而他的深刻预见性使他在死后备受敬佩。他在不同领域中的一些开创性思想由于超出当时人们的理解力而一度默默无闻，结果弄得二三十年后一些人的独立研究成果似乎不过是在表明图灵思想超越时代的程度。我们不知道这样的科学人物还能找出几位，他们的思想使他们虽死犹存。正如《图灵传》末尾所引用的诗句：

他并非在长眠安息，
那渴望的心怎能为死亡所沉寂？

（作者：刘桅帆）

杰克·基尔比

集成电路的开拓者

杰克·基尔比

(Jack S. Kilby, 1923—2005)

1961年10月28日,美国《商业周刊》就集成电路与晶体管的关系发表了这样的评论:"以集成电路广泛应用为主要特征的电子工业迅速蔓延的这场革命既可以被写成一部晶体管发展史,也可以将晶体管的问世视为对这场革命所作的一次火力侦察。"这表明集成电路的发明才真正宣告了信息革命的来临。它也预示着如果有人因发明了晶体管而能够问鼎诺贝尔物理学奖的话,那么,发明集成电路的人也同样,甚至更应该获得这项殊荣。也许是评奖标准的原因,肖克利、巴丁和布拉顿因其对信息革命作了一次火力侦察早在1956年就获得了诺贝尔物理学奖,而集成电路的发明者直到2000年才获得这个意外惊喜。

　　这是一个姗姗来迟的诺贝尔奖,是科技史上又一个延迟承认的典型案例。正因为是延迟承认,人们对该项成就的评价才会附加补偿色彩。这就是还在改变着我们的时代、我们的生活方式和生产方式的集成电路或芯片的发明,而取得这项重大成就并因此获得2000年度诺贝尔物理学奖的就是美国著名电子工程师,被人们誉为"芯片之父"的杰克·基尔比。由于他根本就不是经典意义上的"物理学家",故而他获得的这项殊荣也就有了超乎寻常的含义。

一、饱受挫折的青少年时期

杰克·基尔比,1923 年出生于美国密苏里州杰弗逊城,童年的绝大部分时间是在堪萨斯州的一个小镇上度过的。基尔比幼年时美国经济正处于大萧条时期,这对亟待发育的基尔比来说算是一次不小的考验。经常性的营养不良使得他从小就骨瘦如柴。随着年龄的增长,他的这一自幼就发育不良的特征就更加显现出来了。

基尔比的父亲是一位电气工程师,因工作勤奋、善于管理而逐级晋升,直至成为堪萨斯电力公司总裁,他所领导的公司供电范围遍布美国西部各州。正因为有了这样的出身背景,基尔比自幼就同电子学结下了不解之缘。

基尔比经常随父母一道出游,他们最喜欢去参观那个巨型发电站。好奇心极强的基尔比经常同父亲一道钻进那些充满油污的大型发电机和变压器的内部去排查故障。这一经历使得童年的基尔比对电流、电压、电阻、电容、变压器等概念产生了极大兴趣,他的动手能力也得到了一定程度的提升,同时也使得他从小就能够在一些复杂问题面前处变不惊。

随着短波无线电的问世,人们迎来了无线电通信时代。当然,这也是电子管的时代。在罗斯福政府推行新政后,美国联邦通信委员会开始为业余搞无线电收发报业务的人发放营业执照。好奇甚切的基尔比同许许多多的青少年一样,迷上了无线电通信。他如饥似渴地学习无线电知识,他的父亲还为他买来了这方面的书籍和杂志。经过一段时间的学习,他掌握了其中的要领。不久,他就通过了专门为那些需要领取营业执照的无线电收发报人设置的必须具备的资格考试。领取营业执照后，基尔比就经营起自己的无线电收发报业务，他将自己的无线电台取名为 W9GTV。他在这期间也以优异成绩通过了中学的毕业考试。

1941 年，基尔比满怀信心地报考了麻省理工学院。这是一所名牌大学，也是世界一流工程师的摇篮。遗憾的是他仅缺了 3 分（该校当年录取分数线是 600 分，基尔比的考分是 597 分）而未能如愿，只好仓促地转入他父母的母校——伊利诺斯大学。这次落榜给基尔比打击很大，以至于他在成名后还对此耿耿于怀，并由此怀疑起制定刚性录取分数线的客观公正性。事实上，麻省理工学院也因这 3 分的差距失去了培养这位未来的大发明家、诺贝尔奖获得者的机会。

就读于伊利诺斯大学时，他又一次受到了命运的捉弄。他入学后不久，"珍珠港事件"就爆发了。在罗斯福总统就"珍珠港事件"发布全国参战动员令后，美国正式宣布对日作战。基尔比同那个时代的许许多多的青年学生、青年学者一样，为响应国家号召不得不中断自己的学业和事业，投身到战争中去。作为一名相当于班长的军人，基尔比被指派到缅甸和印度战场。这也是美国通往中国战场的交通要道，许多军用物资、燃料等只能从这里运往中国，支援设在那里的美国空军基地。基尔比的使命是为那些正在开辟对日作战第二条战线的游击队从事他所擅长的无线电收发报工作，兼无线电通信设备维修管理员。这也是一项危险性极高的差事，常常是"打一枪换一个地方"。基尔比在那里一待就是几年，直到战后他才有机会完成他在伊利诺斯大学的学业。

二、冷对晶体管上空的"乌云"

那是 1947 年的秋天，由于长期参战的缘故，他只能以一般性成绩从大学毕业，在一家公司的中心实验室开始了他的职业生涯。第二次世界大战期间，这家名为米尔沃基的公司，也就是此后的全球联通公司，已经借用绢网印刷法在陶磁片上印刷单片电子电路。当他们将印刷电路同"活动的"元器件诸如真空管之类相耦合时，这种连接方法为电子引信倒提供了制作虽粗糙的却是合乎要求的微型化引爆电路。基尔比开始将这种印刷技术应用到制作无线电及电视机电路板上，中心实验室则期望借助于这种制作方法来开辟战后商业市场。这段工作经历对基尔比日后发明集成电路是有益的。

当晶体管于 1948 年问世之后，基尔比自然想到了各种元器件的集成问题。特别是在聆听了著名物理学家巴丁在马奎特大学就固体物理学所作的精彩演讲后，他对晶体管技术这项研究更加兴趣盎然。

1952 年，他所在的公司购买了一份生产晶体管的专利许可。基尔比受公司委派，有幸参加了在贝尔实验室举办的第二次晶体管技术专题研讨会。他在这期间得首先完成公司交给自己的任务，就是利用这次专题研讨会尽可能搜集最新的技术信息。研讨会期间，基尔比使出了浑身解数，很快就掌握了晶体管制作工艺的要领。这对自幼就嗜好电子学的基尔比来说可是个千载难逢的机会。

回到公司中心实验室后，基尔比立即组建了由他领导的助听器研发小组。他们将由绢网印刷法印制的电子电路同 4 个晶体管相耦合，率先开发出带有集成电路创意的助听器，在市场上受到了消费者的青睐。

1958 年 6 月，为庆祝晶体管问世 10 周年，一场新闻发布会在晶体管的原创基地——贝尔电话实验室举行。实验室主任墨文·卡列对半导体产业前景作了如下评估："我们将在未来 10 年内继续开发半导体电子技术，预计在下一个 10 年内，我们将会在这一领域取得自二极管发明以来 25 年内所获成就的总和还要大的成就。"这次新闻发布会对晶体管的潜能还作了如下预测："此前不可能出现的大型系统现正处在开发之中，两年之内所有商业化的计算机将实现完全晶体管化……可以预见，到下一个 10 年结束之际，大型电子系统将会装配数百万个固体元器件。可以设想利用这些晶体管及相应的半导体器件是完全能够组成此类复杂电路的。"

贝尔实验室半导体研究部负责人杰克·莫顿还透露了如下信息："这些固体器件有可能扩张到人类的心智领域，由此将对社会产生重大影响，它远胜于原子能和平利用给人类社会所带来的影响。也许人们所能作出的最保守的预言就是晶体管电路拥有广泛的应用前景，它将会给我们带来今天还不可能预测到的新的发展方向。"

就在这充满乐观情调的地平线上也有一朵令人烦恼的"乌云"在笼罩着。在这些日益变得复杂化的电子系统中，要装进成千上万个晶体管及相应的电子元件可不是件容易的事，元件与元件之间的相互连接问题还处在探索阶段，每一个晶体管均拥有 2—3 根引线，相互连接时还需小心翼翼地对待。此外，还需要同二极管、电容、电阻及其他所必备元件相连接。这种繁冗乏味的工作在当时还是靠手工完成的，而且也只能靠手工完成，它通常是在生产线上由女工来操作。虽然女工拥有这方面的优势，但在拥有数千个固体器件的大型电子电路中，若有一处接头出了问题，整个电路就会陷于瘫痪状态。退一步说，即使晶体管能够取代真空管，且能够解决真空管带来的某些问题，但它还是不能解决日趋复杂、日趋精细的电子电路的所有问题。实际情况往往是当它解决了某个问题的同时，又引出了另一个问题。

及至 20 世纪 50 年代末，成千上万个工程师和电子电路设计者还在苦恼这个令人烦恼的难题。这个难题通常归结为如何使整个电子电路微型化。目标已经变得非常明确，即必须使复杂电路系统趋于最小化。换句话说，在给定功能和给定空间的复杂电子电路中，如何使其所包含的电子元件尽可能最大化，且每一个单元都能独立地完成属于它分内的工作。这是非常棘手的难题，如果解决不了，晶体管的发明价值就得大打折扣，在所有电子电路领域用晶体管取代电子管的期望就会落空，信息技术时代就不可能如期而至。

总之，围绕着电子电路微型化的集成电路能否早日问世已经成了继晶体管发明以来又一个必须突破的难题。而且，晶体管的发明价值现在已经强烈地依赖于集成电路的发明。换句话说，社会对晶体管的需求现在已经转化为对集成电路的需求，尤其是对于急切需要用晶体管替代电子管的美国军方来说，对集成电路的需求已经变得迫在眉睫了。

对集成电路有着迫切需求的美国军方迅速采取行动，海军部率先组建了微电子工程部，紧随其后的陆军通信兵种也制订了微型电路的开发计划。这两家研究机构都在寻求如何使复杂而精细的电子电路变成单元化的、可信赖的、可批量生产的、相互间能够保持血族联系的、归一化的、可印刷的电路板块。这种想法在20世纪50年代就已经司空见惯了。

类似于贝尔实验室这样的工业加科研的组织对集成电路也有着迫切的需求，他们大都倾向于使用这些可印刷的电路板块，将大量晶体管及其他的必备元件镶入其中，其技术性要求是一块完整的电路板块在功能上必须是独立的、可替代的，一旦出了故障即可被方便地替换掉。

20世纪50年代，一批具有远见卓识的工程师们开始寻求消除单一元件相互连接，代之以将每一个元件的引线集中起来进行连接的途径，他们希望借此能够形成由一组元件构成一个电子电路的单片电路。这一想法逐渐演变为众所周知的"集成电路"。美国空军研究机构继海、陆两军之后，及时制订了分子式电子电路研究计划，目标是用一系列固体元器件来组成单片集成电路。

最早萌发集成电路思想的也许要数英国皇家雷达研究所的杰弗里·达默了。他在1952年5月递交给英国电子电路专题研讨会的论文中称："随着晶体管技术的不断发展及半导体技术逐步投入应用领域，设想由它来构成板块形式，以此组装成电子设备，且元件与元件之间根本不用导线相互连接，现在看起来是可能的了。这种由晶体管及其他元器件组成的电路板块可以由绝缘层、导电层、滤波层、放大材料层,以及由位于各种不同层相互直接导通区域的电子功能层组成。"

1957年,达默劝说他的老板同英国一家公司签订一份资助性研究合同,以致力于该目标的实现。但并未获得多大进展,只不过制作了一个模型,并用它来演示如何实现电子开关的转换功能。这种开关电路就是日后出现的、广为人知的触发电路,它也许是用硅晶体元器件来实现的。

试图沿着这些思路进行探索的还有美国无线电公司、威斯廷豪斯公司(又称西屋公司)及其他一些公司的工程师们。他们所探索的目标通常只作为微型化或集成电路总体研究计划的一部分。但到了晶体管诞生10周年之际,还没有一家公司实现预设的目标。他们对这些集成电路担心的问题是:将一组半导体元器件集中连接,由此制成的板块式电路在性能上将不可避免地被证明是次于将单一元器件分别连接,由此组成的传统电路。他们由此推断集成电路只不过是一种富有挑战性的理想而已。经过这10年的努力,他们发现这种理想同现实之间的距离非但没有接近,反而继续背离。

也许正是这朵"乌云"的扩散使得这一时期的许多科学家和工程师在走向集成电路的途中纷纷止步。就连走在最前沿的、半导体技术力量最为雄厚的贝尔实验室的科学家和工程师们也在通往集成电路的途中止步不前了。贝尔实验室的一个研究小组自20世纪50年代中期起就在开发带有集成思想的四层结构的二极管,应该说技术上是不成问题的,他们所担心的问题倒是这种集成电路难以生产,即使生产出来其可信度也不会很高。

贝尔实验室工程师们的逻辑是,如果每单个元器件的可信度为 0.9(也就是 90%),那么,将 N 个元器件连接起来的整体可信度则为 0.9 的 N 次方。特别地,当 N 趋于无穷大时,整体可信度趋于 0。据此推测,集成的思想只能适用于少数元件,这也就是为什么他们那么专心于四层结构二极管开发的原因所在。摆在他们面前的问题是如何保证集成后的电子电路具有高质量和高可信度。他们认为要实现这一目标就得寻找到一种绝妙的生产工艺,即尽可能增加电子元件,尽可能减少单个元件与元件之间的连接。这种想法看起来是合理的,可它被证明是错误的。

基尔比可管不了这种法则是否真会起作用,他对这朵"乌云"的态度是泰然处之,顺其自然,因为他有自己的法则。在他看来,之所以会有这朵"乌云",是因为这种电路在制作工艺上采用了锗晶体材料,因而存在着固有的"非均质现象",芯片表面的某些区域有缺陷,而另外一些区域则几乎是完美无缺的。只要开发出新材料,消除这些缺陷,单个元件的稳定性可以高达 99.99%,如果将单个元件进行倍增,以至于增加到 N 倍时,其可靠性仍然是 99.99%(即 99.99% 的 N 次方仍然是 99.99%)。如此是可以制成可信度极高的集成电路的。正是基于这样的判断,发明集成电路的使命就落在了不受传统思维束缚的基尔比身上。

三、发明集成电路

像许多工作在晶体管技术前沿的工程师一样,基尔比也意识到了集成电路的前途将取决于硅晶体材料的开发。1956 年 1 月,他再次参加了在贝尔实验室举办的第三次晶体管专题研讨会。在这里，他获悉了最新出现应用扩散工艺生产晶体管的技术信息，还掌握了如何将这项工艺运用于锗晶体和硅晶体材料的开发。不过，要在自己所在的这家公司的中心实验室安装这样的生产流水线还是一笔惊人的开支，尤其是硅晶体扩散工艺生产流水线，估算起来，至少需投资 50 万美元，这对一家小型公司来说是根本办不到的。于是，基尔比于 1958 年初开始向不下一打的公司发函，寄去个人简历，期望寻找到一位新雇主来实现自己关于使电子电路微型化的理想。经多次接洽，他决定到一家在硅晶体管前沿勇于开拓的公司就职，这就是得克萨斯州的得克萨斯仪器公司。

此时，得克萨斯仪器公司正在寻求各种途径，力争使自己成为美国陆军部电路微型化研究计划的协作伙伴。他们使用绢网印刷法，将个体元器件与印刷电路集束在微型晶片上。如果再向前跨一步，将这些微型化晶片给组合起来，就如同日后出现的集成电路板一样。可基尔比却一点也不喜欢这种微型化方法，对他来说，这不过是一种勉强凑合的"异机系统"，充其量是解决主要问题的辅助手法而已。

在其他员工享受为期两周的集体度假期间，作为公司的新雇员，基尔比只能独自一人在公司实验大楼工作。他在笔记本中写道："这些天来，得克萨斯仪器公司有一个集体度假规定，没有人愿意拿出度假时间和我一道工作，由于我是一位新加盟者，还不能享受集体度假的福利，因而在这期间我只能被留在人去楼空的工厂里干我自己该干的活。"就在这期间，他开始反复思考这样的问题：

能否改变技术路径，开发出全新的制作工艺和制作材料。后来的事实表明这是基尔比一生中最为关键的时期，许多关于集成电路的思想就是在这期间爆发出来的。

1958年7月24日，基尔比的灵感突然像泉水一般涌了出来，他在日记本里这样写道："包括许多电子电路的极端微型化的电路板块是能够实现的。这些包含电阻、电容、晶体管及二极管的电子电路可以被集成在一个微型硅片里。"接下来他又写了整整5页纸，涉及如何使这些装置付诸实际应用，如何在生产流水线上将一个完整的电子电路生产出来，以及如何将这些完整的电子电路在硅片上集成等。

基尔比的灵感还可以被归结为运用硅片来制作包括所有电子电路的元件。他回忆说："那时还不曾有人设想要用硅晶体材料将这些电子器件进行整体集成。当时人们所担心的问题是：电阻、电容及半导体材料还未有上乘的质量，在价格昂贵的条件下，再将这些元器件集成起来其费用将是难以估量的。"但如对此进行分步集成则是可能的，借助于单片电路同单片电路的首尾相接，再利用批量的加工技术，如利用半导体材料的扩散工艺及气相沉积技术，原则上是可行的。但基尔比所希望的是同步集成，他还希望待集成的电子元件能够大幅度降价。此时，一种新型的照相平板印刷技术已经成熟，它已成为随手可得的工艺，它允许在硅片表面上印制出更加精细、更加复杂的几何图案。与之相比，由得克萨斯仪器公司开发出来的绢网印刷程序就显得极其粗糙而笨拙了。

当其他员工陆续归来时，基尔比已经将他的思想条理化了。他将自己的成熟想法报告给公司老板威利斯·阿德科克。这位老板建议他用这种新方法，以传统的连接方式，把导线和固体元器件连接在硅片上初次尝试最基本的集成电路。基尔比接受了老板的建议，于 1958 年 8 月底完成了这项初试任务。

接下来的工作就是要在硅片上集成振荡电路。不过，这一次基尔比遇到了不小的麻烦。尽管这家公司在研制和培育硅晶体领域曾经是作为开拓者而置身于半导体工业的，但公司在扩散工艺问世后却迟迟没有采用。因此，公司里根本就没有合适的硅样品供基尔比试验。他只能退而求其次，取锗晶体样品而代之。他用再提纯的锗晶体充当电阻，而将镶于其上的一个 P-N 结来当作电容，再用几根轻薄的金质导线将这些元件连接起来。基尔比承认，"它不仅看起来丑陋，而且事实上也是粗糙的"，可它毕竟能够工作！

1958 年 9 月 12 日，他和阿德科克、得力助手 M. 谢泼德以及其他几位同事一同目睹了这次实验。他将 10 伏特电压加在输入端的两根导线之间，只见示波器荧屏上立即出现了波澜起伏的绿色条纹，显示了该振荡器的振荡频率高达 100 万赫兹。至此，集成电路的思想遂成为现实。

一个星期过后，基尔比又演示了集成的触发电路，又一次使用了锗晶片。这次演示实验仅使用了两个晶体管，演示的结果照例如他所预期的那样。实际上，早在两个月前他就将这些思想写进了他的日记本。不过，由于缺乏必要的条件，这两个原型只能以极其笨拙的方式利用锗晶体材料来体现他那非常成熟、非常复杂的构思。其中，第一个原型所包含的技术思路是最重要的，它首次使用了晶体管，并获得了成功。这两个原型无论多么笨拙，但这些实验均毋庸置疑地证实了集成电路确实能够借助于一片半导体材料来实现。

1958年10月，基尔比又专心致力于检测和提高制作集成电路所必备的工艺。他的具有划时代意义的工作就是努力使照相平板印刷技术适应于确定半导体表面上的一些特定区域，这些区域恰好对应于集成的电子元件。基尔比在锗晶体材料方面取得进展之后又回到了硅晶体材料领域（这才是集成电路的发展方向），并寻找到了如何将电阻、电容镶于其上的新方法。与此同时，其他一些设计者也开始设计出由锗晶体元器件构成的触发电路，并侥幸地获得了成功。奇怪的是他们并没有使用手边随处可得的硅晶体材料。

1959年1月28日，就在基尔比的努力接近完成时，一个意外消息传至得克萨斯仪器公司。该消息称美国无线电公司正就他们自己开发的集成电路准备专利申请材料。这则传闻着实令得克萨斯仪器公司的人心惊胆战，他们迅速行动起来，匆忙以基尔比的名义草拟专利申请文件。在发明专利优先权竞争方面总显得慢一拍的得克萨斯仪器公司的人现在像旋风一样地为基尔比所取得的成就在忙碌着。

1959年2月6日，得克萨斯仪器公司的专利代理人将一份内容宽泛的"微型化电子电路"的专利申请文件递交给位于华盛顿的美国专利局。该文件声称："与以往研制出来的微型化电子电路有着鲜明对比，目前取得的发明是全新的，不同于以往任何微型化电子电路的概念。依据该发明的技术原理，要实现电路微型化终极目标，仅需用一种半导体材料就可以将所有的电子元件给集成起来，且集成的工艺仅涉及有限步骤，有利于投产。"

1959年3月，在美国无线电工程研究院举行的年度新闻发布会上，得克萨斯仪器公司向新闻界正式公布了自己的这个革命性发现——"固体电路"。尽管其问世的触发器及连带的电子电路比起铅笔尖来大了许多，甚至超过其10倍，但基尔比的助手谢泼德在发布会上仍郑重宣布："我认为这是得克萨斯仪器公司所开发的最富有意义的技术成就，因为我们已经向外界披露硅晶体管在商业上是可以获得的。"这则突如其来的新闻和基尔比卓有成效的工作使得无线电公司不得不败下阵来。他们实际上是在虚张声势，但客观上却起到了敦促得克萨斯仪器公司尽快公布集成电路问世的消息的效果。

四、"多重发现"引出的专利权之争

基尔比现在用不着担心美国无线电公司这样的庞然大物，可他得小心防范电子产业的暴发户——费尔柴尔德公司的一举一动。据可靠消息，集成电路的思想在这家公司也出现了。

1959年1月底，在费尔柴尔德公司工作的罗伯特·诺伊斯的确有了集成电路的想法，他是在思考用一种新的硅材料处理技术有可能引发半导体新技术分支时萌发这一思想的。诺伊斯曾经是第一个来硅谷拓荒的肖克利的部下，是肖克利半导体公司的技术精英之一，因对肖克利的经营方式及管理不善等表示出强烈不满，在经过一番没有任何效果的抗争之后，才带领其他7位成员一道从肖克利公司"集体叛逃"。

1958年，出生于瑞士的一位物理学家，也是那8位"叛逆者"之一的简·霍尔尼成功地开发出了一种"台面晶体管"的生产工艺。诺伊斯高兴地对霍尔尼说："当这一工艺完成之后，我们就拥有了覆盖着良好绝缘层的硅晶体表面，你可以在表面上打孔，使元器件直接同绝缘层下面的硅晶体保持良好接触。"如此，只有某些杂质，如镓元素能够扩散到硅晶体层中去，而像磷元素及其他杂质则不能扩散到里面去。不过，这种生产工艺只能适应于硅晶体材料（这是走向集成电路的关键一步），不能适应于锗晶体材料。

就这样，借助照相平板印刷技术，霍尔尼设法为公司提供了生产极其精密的电子元件的技术路径，它拥有极端微型化的优点，其直径远远低于千分之一英寸。这种超微型电子元件为费尔柴尔德公司带来了财路，它使得一种全新的生产工艺成为可能。在公司专利代理人的敦促下，诺伊斯开始思考是否可以利用这种生产工艺开发出其他生产工艺。作为公司研究与开发部领导人，对这些问题的思考自然就成了他的分内之事，每当他陷入沉思时就有一些奇特的想法出现在他的脑海中。

1959年的最初几周内，诺伊斯开始考虑早些时候出现在杜默尔和基尔比脑海中的同一个问题，即如何研制集成电路。

1959年1月23日，他有了新的想法。他回忆说："将所有的电子元件集中起来，将多重功能设计集成在一个硅片上，以此适应于多种需求想必是可行的。"他将这些想法写进自己的日记本中。他继续写道："为了制作元件与元件之间能够相互连接的集成板块，并作为生产工艺的组成部分，有必要使每一单位的固定元器件的体积、重量给降下来，同样，每单位活动元件的价格也必须给降下来。"

这与基尔比的想法相差无几，但在实际发明过程中，这两人所走的技术路径又有所不同：基尔比专注于如何利用同种材料制作不同元件，采用同步集成法；诺伊斯则致力于元件与元件之间的连接方式，采用分步集成法。诺伊斯不愿使用粗笨的导线，因为它比被连接的元件的本身尺寸还要大，且这种连接方法还得使用手工。诺伊斯要采用的连接方法是借助于照相平板印刷技术，将精细导线，如铝质导线直接置于批量生产工艺的过程之中，当你需要在某个地方同硅晶体表面进行连接时，只要在对应的二氧化硅表面打孔即可。在随后的操作步骤中只要将精细金属接头镶入其中，再用细长导线将它们相互连接，半导体材料的导电行为就完全发生在硅材料表面层下方，表层与内层之间彼此绝缘。由此，诺伊斯将分步集成的思想向前推进了一步。

诺伊斯认为，借助于领先的扩散工艺和照相平板印刷技术，将数百个晶体管集成在同一块硅片上是可行的。诺伊斯对自己的这种有关硅晶体集成电路的思路又思考再三，前后达一个月之久。也许当时他认为这是一种冲动，况且当时的费尔柴尔德公司正在为成功地开发出台面晶体管，并已经投入商业运营而乐此不疲。但当听说得克萨斯仪器公司将要发布一条重要新闻时，诺伊斯马上就猜出得克萨斯仪器公司的人很可能要宣布他们已经成功地研制出集成电路。他决定召集一次会议，将自己的集成电路思想告知同人。

1959年春，诺伊斯同专利代理人一道，起草了一份有关集成电路的专利申请文本。由于已经知道得克萨斯仪器公司先于他们向国家专利局递交了专利申请文件，可又不知详情，他们在专利申请文本中作了特别说明，此即用公司自己开发的台面晶体管技术来制作集成电路。他们在给国家专利局递交的长达 30 页的申请文件中将他们所要申请的专利命名为"半导体结构的领先设计"，要求保护的理由是：

> 本发明专利所提供的、并得到证实的、服务于制作集成电路的领先设计将适用于不同半导体应用领域；本发明专利所要制作的电子电路就其结构而言将更加紧凑，更加易于批量生产，其型号比起以往任何时候出现的同类专利产品要小得多，也简便得多；本发明专利有利于将许许多多的半导体元器件集成在一块半导体材料的内部。

事实上，有关集成电路的想法是在两个完全不同的地方几乎同时出现的，当诺伊斯注意到了可以以完全不同的路径对电子电路进行集成的秘诀时，他所使用的分步集成法本质上就是借用了各种现成技术的相互叠加，而他所使用的这些技术在当时的半导体工业界是可以获得的。其中，有许多技术都是由贝尔实验室开发的。他认为："毫无疑问，即使我没有这些想法，即使该项专利没有出现在费尔柴尔德公司，那也肯定会在别的什么地方，或由别的什么人在不远的将来同样会拥有这样的思想，同样会做出这项发明，只要那里的技术发展到这样的程度，这种思想就会产生，这种发明就会有人做出。"

诺伊斯的这段话实际上就是美国著名科学社会学家罗伯特·金·默顿于 1957 年总结出来的"多重发现"原理的摹本。"多重发现"的本义就是，科技史上任何重大发现或重大发明都是由两个或两个以上的人在不同的地方同时做出的，或在不同地方不同时间各自独立做出的。集成电路的发明正好验证了这个原理。

较早拥有集成电路思想的还有肖克利，如他关于四层结构的二极管设计思想就是一种聪明绝顶的创意。从某种意义上讲，它是最初级、最基本的集成电路，因为它已经实现了电子电路的开关转换功能，且在这样的开关电路里相当于含有两个晶体管、两个电阻、一个二极管和一根导线的连接网络。所有这些元件均集成在一块硅晶片上。遗憾的是如果要制作它并使之派上用场则需要"对几乎每一个元件及半导体表面特性进行精确控制"，可在生产过程中要使其具有均质性和稳定性是极其困难的。如果肖克利能够成功的话，他也许就是最早发明集成电路的人。

肖克利对集成电路的另外一个贡献就是他在 1945 年设想出来的场效应晶体管（MOS 晶体管），因为它成了日后集成电路的标准晶体管。肖克利始终认为，借助于硅晶体材料和扩散工艺是能够将这种理想转化为现实的，但这些努力在肖克利的公司里并没有获得多大进展。

贝尔实验室的一个研究小组自 20 世纪 50 年代中期起也在开发肖克利的四层结构二极管，应该说在技术上是不成问题的，成问题的地方是他们对集成电路的可靠性作出了错误的判断。当然，贝尔实验室在此期间还是有了突破性的进展，那就是他们在 1960 年成功地研制出第一个实用型场效应晶体管。

五、历史的补偿

1961 年 4 月 25 日，美国国家专利局授予第一个关于集成电路的专利权。不过，这份专利并不是授予基尔比，而是以诺伊斯名义出现的。也许是因为诺伊斯的那份专利申请文件的内容相对集中，易于对其进行审查，从而使他在这场专利竞赛中以后来居上的姿态赢得了优先权。基尔比是在次日从来自华盛顿的电话里获得此消息的，他的专利代理人告诉他，他的那份专利依然在专利局排队。不过，诺伊斯的那份专利文本的审查者提出了一系列必须接受异议的理由，一旦这些理由成立，他们可以对诺伊斯的专利权提出指控。

这两家公司的专利代理人各执其词，针锋相对。如果按照惯例，即依据"申请在先"原则，即使诺伊斯的专利获得批准，基尔比仍然可以在此后的异议期限内对诺伊斯的专利提出指控，直至专利权归基尔比所有。可两家公司的工程师们，尤其是基尔比，都在致力于争先将各自的产品推向市场。这场专利权之争并没有人们想象的那么激烈。

不管怎样，基尔比无疑是集成电路的原始发明人，诺伊斯则是集成电路的另一位独立发明人。如果基尔比的专利意识强一点的话，他的专利申请文本就会被提前几个月递交到美国国家专利局；如果专利代理律师的工作做得再简洁扼要一些的话，就不会有诺伊斯的机会，除非诺伊斯能够证明自己的集成电路有更好的工艺或更高的性能。

总之，集成电路是在基尔比、诺伊斯等人的努力下诞生的，晶体管作为集成电路的主要细胞由此获得了最为广泛的繁衍。下面以集成电路的使用为核心对信息革命的重大事件作些回溯：

1961年3月，诺伊斯所在的公司向市场推出了6个系列的显微型电子电路元件，并开始将其出售给美国国家航空航天局和一些商用设备制造厂家。

1961年5月，美国总统约翰·F.肯尼迪在一夜之间就为集成电路创造了关键性市场，因为他发布了这样的消息，美国的目标是要在60年代末将人送上月球。工作在国家航空航天局的工程师们关注着每一份要求他们将航天器送上月球的电报，而微型化的电子元件恰好适应了载人宇宙飞船所必备的航天计算机、航天无线电通信和其他方面的集成电路的需求。

1961年10月，基尔比所在的公司向市场推出自己的51个系列的固体电子电路。他们是在仅有米粒大小的芯片上制作电子元件的。每一块芯片都能够将许多单个元件包容在内，它当时可以包括两打之多的晶体管、二极管、电阻和电容。

1961年10月，基尔比和他的助手们继续向前大胆探索，首次向市场推出了一台袖珍式计算机。它是由587块芯片制成的，重约10盎司，或相当于280克，但它计算数据的能力却不亚于传统计算机。

1965年，随着计算机集成电路制造技术的日新月异，英特尔公司创始人之一戈登·摩尔给出了这样的预测：计算机芯片每隔18—

24个月就会有新的芯片诞生，新一代芯片的晶体管容量要比前一代增加一倍，性能也将提升一倍。这就是著名的"摩尔定律"。

1971年11月，由诺伊斯创办的英特尔公司正式向市场推出了名称为4004的第一个微处理器，又叫计算机芯片和中央处理器，含有2300个晶体管，其线宽为10微米。

1982年2月，英特尔公司向市场推出了名称为80286所有计算机都能使用的标准芯片，含有134000个晶体管，其线宽为1.5微米。

1990年10月，英特尔公司向市场推出了名称为intel386SLCPU的芯片，含有855000个晶体管，其线宽为1微米。

1997年1月，英特尔公司向市场推出了名称为Pentium Processor with MMX technology的芯片，共有4500500个晶体管，其线宽为0.35微米。

及至2001年，线宽为0.25微米的计算机芯片已经问世，0.18微米的计算机芯片也在开发之中。

值得一提的是，诺伊斯因在1968年创办了英特尔公司，其营业额从1968年的"0"开始，到1981年的9.6亿美元，再到2002年的300多亿美元，从微型企业发展到"蓝色巨人"，既享受到了发明给他带来的巨大利益，又享受到了经营该项发明的巨大成功，信息革命给予他的奖赏已经到了无以复加的境地。

可对于基尔比来说，一方面，由于其所在公司专利意识的淡薄，在这场专利之争中失去了本应属于他的优先权；另一方面，也由于他本人缺乏经营发明的机会或经营发明的能力，这场革命给他带来的奖赏与诺伊斯相比就显得令人扼腕痛惜了。他在发明了集成电路后只能继续充当职业发明家的角色，他虽然再没有做出过第二个类似于集成电路那样的重大发明，但他在职业生涯中依然为他所忠诚的得克萨斯仪器公司以及为我们这个信息社会贡献了 60 余项专利技术。

历史没有忘记他，基尔比尽管没有诺伊斯活得那样风光，那么轰轰烈烈，但他的工作还是得到了人们的承认。他于 1970 年获美国国家科学奖。1982 年，他的大名被载入美国发明家名人堂，成为与汽车发动机发明者福特、电灯发明者爱迪生和飞机发明者怀特兄弟齐名的美国发明大师。除此之外，他还是美国电器与电子工程协会的资深成员。

时隔多年之后，他终于获得了人人为之羡慕的最高奖赏——2000 年度诺贝尔物理学奖，由于另外两名获奖者的工作（高频晶体管和激光二极管）无法与集成电路的发明完全等量齐观，所以，在这次诺贝尔奖奖金的分配上，基尔比分享其中的 50%，其他两人则分享另外的 50%。这也表明历史在以各种可能的方式来补偿基尔比。

2001 年 6 月，78 岁高龄的杰克·基尔比应邀来中国，在北京大学就集成电路未来发展趋势及在中国的前景作了一次专题报告。

有一点是值得我们注意的，就是 2000 年度的诺贝尔物理学奖开始集中授予直接给人类带来巨大福利的职业发明家，这是否意味着物理学奖的评奖标准有了更多的功利因素？如果是这样，它会给我们以怎样的启示呢？

（作者：浦根祥）

西摩·克雷

世界超级计算机之父

西摩·克雷
(Seymour Roger Cray, 1925—1996)

超级计算机，概括起来讲，是指在当时的生产工艺条件下，采用最先进的技术、工艺设计生产出来的功能最强、运算速度最快、存储容量最大、面向科学与工程的最高档次的电子计算机系统。超级计算机通常由多个甚至成百上千的处理器（机）组成，具有巨大的数值计算能力和数据处理能力，能计算普通个人计算机和服务器不能完成的大型复杂课题。超级计算机广泛应用于科技、工业、军事等最尖端领域，超级计算机的研制能力已成为国际上衡量一个国家综合国力和科技水平的最重要标志之一。世界上谁最早提出了超级计算机的概念已经无法考证，但是从真正意义上说，第一个研发出符合超级计算机定义产品的人是西摩·克雷，他研制的以 Cray-1 亿次超级计算机为代表的"克雷"系列世界最快超级计算机，引领国际超级计算机发展潮流数十年，他无可争议地被人们尊称为"世界超级计算机之父"。

一、才华初显

西摩·克雷于 1925 年 9 月 28 日出生在美国威斯康星州的切彼瓦镇。他的父亲也叫西摩·克雷，毕业于明尼苏达大学，早年在北方州立电力公司做土木工程师。那时候当地的电力供应主要来自水电。切彼瓦河流经威斯康星和明尼苏达，在南边汇入密西西比河。

北方州立电力公司在该河上建造了四五个水坝，以获取绝大部分电力。老克雷被派往威斯康星，为建设水坝服务，确定水坝蓄水处理等工程问题。他十分钟爱这项工作，出色地完成了任务，被当地官员任命为切彼瓦镇的工程师，从此留下来继续工作。

父亲对科学技术执着和追求完美的精神，对小克雷产生了潜移默化的影响，使他从小就对电气着迷。早在 10 岁的时候，克雷就能够制作电码信号穿孔纸带，并在家里的地下室建立了一个"小实验室"，摆弄各种类型的电气设备。在切彼瓦镇读初中时，他给家中自己的房间和妹妹卡罗尔·克雷的房间架设了电线，以便两人可以在每晚十点熄灯后互发莫尔斯电报玩。克雷高中时，那时还没有发明电子计算机，作为电气设备业余爱好者，他经常花许多时间待在学校的电气实验室，钻研无线电、电动机和电气线路等。电学课老师生病请假之时，总是请克雷"代班"为同学们讲课。切彼瓦瀑布高中的年鉴记载，克雷的一个同学莫尼克曾在毕业时留言道："随着科学日益重要，许多同学将会投身于此。克雷已经先行一步了，整个高中生涯他都痴迷于科学。如果有人要预测他的未来，我敢说他将来一定会在科学领域有所作为。"

1943 年正值第二次世界大战，克雷高中毕业后加入了美国陆军，担任步兵通信排无线电操作员。经历短暂的欧洲作战任务后，他被派往菲律宾，在那里参加了破译日本海军通信密码的行动。与此同时，电子计算机正是在二战迫切的军事需求推动下开始研制的。当时美国军方非常需要一种高性能工具来计算及时准确的弹道火力表，在此背景下，世界上首台可以持续运行的计算机埃尼阿克计算机（Electronic Numerical Integrator And Computer，ENIAC）于 1946 年在美国费城宾夕法尼亚大学的摩尔电气工程学院研制成功，发明人是以莫奇利和埃克特为首的研制小组，著名科学家冯·诺伊曼带着原子弹研制过程中的计算问题也加入其中。而此时即将退役回国的克雷，并不知道自己今后将与这一改变他一生的发明联系在一起。

1947 年，克雷在老家举行了婚礼。婚后不久他和妻子就一起赴威斯康星大学就读。一年后，两人为追求更好的专业学习又来到了明尼苏达大学。在这所他父亲曾经就读的母校，年轻的克雷于 1950 年获得电气工程学士学位，1951 年又拿到了应用数学硕士学位。在大学里，他专心于数学，当时他对电子计算机并不了解，只知道那是一种具有两种状态的基本电路，但是他已意识到未来将是一个电子数字计算的世界。当临近大学毕业时，克雷比较茫然，经常在校园里走来走去，问自己："下一步该怎么走？"幸运的是，有一次学校一位资深教授从路边窗口探出头冲他喊道："如果我是你，就不会待在市井街区，而是到工程研究协会（Engineering Research Associates，ERA）去，那里才是你施展才华的好地方。"工程研究协会由一个美国前海军实验室发展而成，是美国首批采用数字电路的计算设备单位之一，当时正在给军方制造密码设备。克雷听从这位老师给予的建议，马上就赶去了工程研究协会。

1951 年，当他入职工程研究协会的当地一家公司时，公司刚成立一年多，这里原来是位于明尼苏达圣保罗的一家老式滑翔机厂，曾为诺曼底登陆制造了大量木质滑翔机，战后为美国海军建造专门的加密设备。克雷开始从事各种计算机技术,从真空管和磁放大器到晶体管,然后在 1100 系列计算机上工作,该机成为后来的知名产品 UNIVAC。由于公司刚成立,克雷也不懂设备,他花了很多时间在图书馆阅读资料,研究计算机是怎样的工作原理,有机会他也去参加工程研究协会的学术活动,聆听冯·诺伊曼这样的大师演讲。然而他很快发现,对于研究计算机没多少参考资料,他想自己进行实践与创新。为避免娱乐又使工作不被打扰,克雷经常利用晚上工作,这成为他一生的习惯。研究中,克雷十分注意收集和听取各方面信息,从其他计算机设计师那里了解经验教训。

就在这家小公司,克雷设计了他的第一台计算机——ERA1103。这是一台电子管计算机,属于最早采用磁芯存储器的机器之一,存储容量为 4K—12K,字长二进制 36 位,加法操作时间为 44μs。

两三年后,工程研究协会被雷明顿－兰德公司所收购,不久斯帕利兼并了公司业务,接着由鲍劳斯收购,后来又由优利兼并,但人员和产品并没有随所有权的改变而改变,克雷的工作也没受到影响。然而,当公司高层将产品重点转向商用小型计算机时,克雷带他的大型科学计算机梦想离开公司,和好友比尔·诺里斯等人于 1957 年创建了控制数据公司(Control Data Corporation,CDC)。

在控制数据公司,克雷是技术专家,兼任公司副董事长。他的目标是研制第一流的,比任何当时可用的计算机更快的科学计算机。他劝服了其他高层,并在公司资金困难时拿出自己的 5000 美元全部家当购买了公司股票。于是,控制数据公司和克雷开始建造大型科学计算机。他们很快从工程研究协会那里夺走市场,获利达 60

万美元。

当控制数据公司规模扩大后,克雷发现那里的职员精神涣散,于是他搬出市区,回到切彼瓦镇,在那里建立了一个研究和开发部门,为控制数据公司制造 CDC1604 计算机,这是克雷的第一个工程项目,其目标是以最低的价格尽快地制造出一台大型计算机。当时晶体管还是较新的电子器件,克雷决定采用这种器件来建造 CDC1604 机。他发现在明尼阿波利斯的本地零售商店卖出的晶体管有次品,其价钱比从工厂买便宜得多。于是,他买到了所需的全部晶体管。克雷认真地利用这种次品晶体管设计高度容错的电路并取得成功,证明了那些低于标准的器件通过精心设计,可以达到研制计算机的预期目标。他说:"我用生产收音机的次品晶体管,建造了第一流的计算机。"CDC1604 机是第一台全晶体管化大型科学计算机,在科学计算机市场上打败了它的竞争对手——基于穿孔卡片的 IBM 计算机。

克雷希望尽快建造规模更大、功能更强、速度更高的科学计算机,这便是 CDC6600。CDC6600 是根据美国原子能委员会的秘密订货,于 1957 年开始研制,1964 年一经推出便成为当时世界上速度最快的科学计算机,在计算机发展史上具有重大影响。因为它首次达到了 1MFLOPS(百万次浮点运算每秒)以上的处理能力,故被工业界普遍认为是第一台真正意义上的超级计算机。它在技术上有很多创新,主要有:指令系统简洁;操作面向寄存器有 8 个字长各 60 位的指令缓冲器,可存放 16—32 条指令,其中包含循环指令段,可不必访问主存而快速执行;有 10 个操作部件和一个采用"记分牌"的先行控制部件，从而实现并行操作；由具有 4K 字的 32 个模块组成的磁芯存储器，可以交叉访问；还具有 10 台独立的外围处理机，组成输入/输出控制系统等。CDC6600 的性能为 1961 年国际商业机器公司（International Business Machines，IBM）推出的大型计算机"斯屈莱奇"的约 3 倍，而售价却比斯屈莱奇低，因而深受市场的欢迎。CDC6600 的设计、研制和生产取得了巨大成功，不仅许多机器安装在美国国家实验室等科学研究单位，发挥了巨大的计算能力，极大地推动了科学技术的进步，而且对于计算机技术本身的发展也起到了显著的促进作用，特别是在计算机体系结构方面，为以后超级计算技术、精简指令集计算机技术（RISC）和超标量技术的产生和发展提供了宝贵经验。

不久，克雷在 CDC6600 体系结构的基础上，采用了门级延时为 1.5ns 的高速电路，又研制成功运算速度达每秒 1500 万次的更强科学计算机 CDC7600，于 1969 年 1 月面世，成为 20 世纪 60 年代末 70 年代初全球性能最高的计算机。

像美国洛斯阿拉莫斯国家实验室、劳伦斯利弗莫国家实验室等从事核武器研究的单位，对于这样功能强、性能高的超级计算机是迫切需要的。但对一般用户来说，机器的性能太高了，而且价格昂贵，在财力上难以承受，所以超级计算机的应用领域较窄，销量受到一定限制。1972 年，大型科学计算机的市场变小了，控制数据公司打算中止在这个领域的努力，而克雷认为市场还会兴旺起来，于是，克雷选择离开控制数据公司，开辟自己的事业，创办了克雷研究公司（Cray Research Inc.，CRI）。

二、闻名于世

20 世纪 70 年代至 80 年代迎来超级计算机的腾飞时期。

冷战期间，为了赢得与苏联的军备竞赛，美国大力发展战略核武器、航空航天等高精尖技术，这些都涉及海量复杂的科学与工程计算问题。虽然国际商业机器公司、尤尼瓦克公司和控制数据公司等计算机公司提供了一些超级计算机，但仍无法满足美国政府和军方的需要。美国国防部高级研究计划局批准，由伊里诺斯大学负责研究设计，由宝来公司承包制造了一台超级计算机 ILLIAC-Ⅳ，于 1972 年完成，标量速度每秒运算最高达到了惊人的 1.5 亿次。美国得克萨斯仪器公司和控制数据公司也先后推出每秒运算速度 1 亿次以上的超级计算机 TI-ASC 和 STAR-100。但这三台机器的共同缺点是系统规模庞大笨重、高速度不可持续运行、实际效率低下、功耗巨大，使用起来十分不方便。例如 ILLIAC-Ⅳ在交付美国国家航空航天局使用后很长一段时期工作不稳定。1975 年不得不进行停机大检查，花了十个月，从逻辑设计到工艺制造，找出来上千个故障与隐患，11 万颗系统电阻全部更换。

此时，克雷也瞄准了新一代超级计算机的研发，他把克雷研究公司建在了切彼瓦的福尔斯区，一开始公司既无厂房又无工人，第一台机器还是由当地电子设备承包商制造的。公司 12 个创始人中有 7 个来自控制数据公司，克雷担任董事长，公司只生产超级计算机。为了解决资金问题，支持克雷的一些商界老板们联名给华尔街送去一份提案，结果大获成功，使得克雷研究公司在没有销售、没有营业额，甚至连一个项目都还没有，赤字 240 万美元，只有 8 个潜在用户的情况下强行上市，最初的 6000 股立马筹集到了 1000 万美元，为研制新机器打下经济基础。

控制数据公司等竞争对手利用多处理机系统构建超级计算机，就是把多台标量处理机互联起来共同解决一个问题，但是多台处理机的调度和同步等是一个棘手难题。克雷对此另辟蹊径，他考虑到使用超级计算机的数值气象预报、航天飞行器设计和核物理研究问题中存在大量向量运算的特点，采用了向量处理的方法，它是利用多个独立的部件实现的并行操作，转化为把它们组成向量模式的流，再结合流水线结构实现操作的高度并行性。1972 年开始，他亲手设计和研制了一台向量超级计算机，用自己的名字命名，叫作 Cray-1。

Cray-1 发展了 CDC6600 和 CDC7600 机的成功之处，采用了一系列创新的技术，如向量数据类型和向量运算、ECL 高速集成电路、向量寄存器、向量链接技术、高密度组装技术和高效的冷却技术等，并改变以往超级计算机机柜为立方形的传统形式，大胆采用圆柱形的结构，规模精简，美观大方。Cray-1 于 1975 年研制成功，在美国洛斯阿拉莫斯国家实验室进行了长时间的严格测试，于 1976 年正式推出。

Cray-1 是首次采用集成电路的超级计算机，全机只有 4 种 ECL 集成电路，它们是延迟时间为 0.5ns—1ns 的高速 5/4 与非门、低速 5/4 与非门、读写时间为 6ns 的 16×4 位双极型寄存器芯片、1024×1 位双极型存储芯片；共有 8 个字长 64 位的向量寄存器以及后援寄存器 B、T 等，主存容量为 2 兆—8 兆字节，共 12 个全流水线化的功能部件，可以高度并行地进行面向寄存器的向量运算和标量运算；指令格式规整，只有 16 位和 32 位两种，有 4 页指令缓冲站，可存放 256 条短指令或 128 条长指令，这样一般循环程序指令或常用子程序可以存放在指令缓冲站中，而不必重复访问主存储器，确保程序的高速运行。此外，几条相关的向量运算指令可使流水线链接运行，从而大大提高向量运算的并行度。除硬件外，还装配了 FORTRAN 语言、COS 操作系统和实用程序等，后续还开发了库软件。

Cray-1 有几个特点十分新颖：向量运算，例如能把两个 64 对操作数的集合叠加在一起，产生 64 个结果，这些都可看作只执行了一条指令的结果；流水线处理，就是计算机的功能部件均分成站，使指令能分布执行，例如 64 个加法并不同时进行，而是流水线式地完成的，按机器的每时钟周期一个结果的速度流出，直到 64 个结果流完为止；圆柱形机柜结构，共有 12 个楔形机架，排成 270 度的圆弧柱，整体上像一个巨大的字母"C"（克雷名字的首字母），这样可使圆柱内部地板上的互联导线达到最短，确保 80MHz 的时钟频率（当时世界上计算机最高的时钟频率）得以实现，并且占地面积仅有 8 平方米左右，为 TI-ASC 和 STAR-100 的二十分之一。氟利昂液态冷却技术是 Cray-1 的专利，在装电路板的铝架中间，设有很多蛇形冷却管道，与地下的巨大氟利昂液态装置连接起来，用以解决因如此高密度组装的超级计算机的散热问题。

Cray-1 的性能高，峰值向量运算速度达每秒 2.4 亿次浮点操作，标量运算速度也可达每秒 5000 万次，显著优于当时已有的亿次超级计算机 ILLIAC-Ⅳ、TI-ASC、STAR-100，在科学计算方面的解题能力相当于 40 台 IBM370 大型通用计算机，而售价却与后者同样为 500 万—800 万美元，因此受到了计算机界和超级计算机用户的高度赞扬和广泛欢迎，赢得了科学计算和特大规模数据处理的市场，到 1979 年为止，出厂的 Cray-1 已有 16 部之多。Cray-1 体系结构的简洁性和新颖性事实上也成为国际向量计算机的标准模式，后来许多国家研制和生产的向量计算机都是以 Cray-1 为蓝本的。1978 年开始研制的中国第一台亿次巨型计算机"银河-I"的体系结构就是主要借鉴了 Cray-1 的设计思想。

接下来，克雷又设计和研制了性能更高的 Cray-2、Cray-3、Cray-4 等系列超级计算机。

Cray-2 为四向量处理机系统，单处理机基本上保留 Cray-1 的结构，采用门级延时为 0.3ns—0.5ns 的 16 门阵列芯片，始终周期为 4.1ns，主存储器容量为 2048 兆字节，指令缓冲站是 Cray-1 的两倍，为 8 页，另增加一个容量为 128 字节的局部存储器。这台机器于 1985 年研制成功，当主存储器采用动态存储器芯片时，系统峰值处理速度为每秒 18 亿次浮点操作，当采用静态存储器芯片时，则达每秒 22.5 亿—25.0 亿次浮点操作，比 Cray-1 快 10 倍之多，首次安装在美国国家航空航天局，用来模拟航天飞机的超大型风洞实验。Cray-2 研制成功时的 20 世纪 80 年代中期，克雷研究公司的超级计算机竟一度占到全球 70% 的市场份额。

1988 年诞生的 Cray-3 为八向量处理机系统，采用 ECL 和集成度为每芯片 300—500 门的砷化镓逻辑芯片以及 1K 位砷化镓静态存储芯片（用于寄存器），使 Cray-3 的时钟频率高达 500MHz，峰值性能高达每秒 60 亿—100 亿次浮点运算。该机虽然研制成功，但因此时克雷研究公司在商业上出现了问题，从未出售过。

1989 年，由于管理层意见分歧，克雷离开了自己创建的克雷研究公司，在科罗拉多又开办了一家克雷计算机公司（Cray Computer Corporation，CCC），开始全力投入他的 Cray-4 研制项目，时钟频率又比 Cray-3 提高一倍，全部采用砷化镓电路，预计速度突破每秒 1000 亿次以上。但令人遗憾的是，Cray-4 并没有最终完成。

冷战的结束意味着政府预算的削减，加之个人电脑市场逐渐火热，使得超级计算机的销售一落千丈。1995 年，克雷计算机公司迫于资金压力宣布破产。1996 年，古稀之年的克雷不甘心，再次发起挑战，创办西摩·克雷公司（Seymour Roger Cray，SRC），开始了新一代大规模超级并行计算机的研发工作。然而此时厄运突然降临：1996 年 9 月 22 日下午 3 点，克雷驾驶汽车离开科罗拉多，在驶向 I-25 公路时，后面有两辆车发生冲突，其中一辆为了躲闪，急速撞到克雷的车，使汽车几经翻滚，倒在路边。克雷的颈部、肋骨和头部都严重受伤，立即被送往医院进行手术抢救。最终，因伤势过重，10 月 5 日凌晨 3 时左右，西摩·克雷的心脏永远停止了跳动，享年 71 岁。

三、克雷的科学思想与精神

在研制超级计算机方面，克雷从不觉得自己是先驱。他说，自

己是"书呆子",只想做一个工程师。成功的关键着实在于他的科学思想与精神,概括起来主要有以下几点:

第一,敢于冒险,勇于创新,始终追求建造世界第一流的超级计算机。克雷一生的几次创业都不简单,这与他研制世界第一超级计算机的人生理想密切相关。在工程研究协会时,克雷创新采用磁芯存储器设计了他的第一台计算机 ERA1103,成为电子管计算机中的佼佼者。当公司的发展和自己研制超级计算机的目标渐行渐远时,他冒着失业的风险离开工程研究协会,创办了控制数据公司,研制的 CDC1604 计算机是当时世界上独一无二的全晶体管化计算机,也成为当时世界上最好的商业计算机。CDC1604 机成功后,克雷向计算机界的巨头国际商业机器公司发起挑战,抢在国际商业机器公司雄心勃勃的"360 计划"之前,出人意料地宣布研制成功世界上第一台超级计算机 CDC6600。国际商业机器公司董事局主席小沃森曾在备忘录中写道:"国际商业机器公司为什么不能在超级电脑方面领先一步?要知道,控制数据公司的研制班子才 34 人,其中还包括一个看门人。"当控制数据公司高层满足于 CDC6600 以及改进型 CDC7600 独霸市场不思前进时,克雷为继续建造更快的超级计算机再次离开,冒着可能失败的最大风险又创办了克雷研究公司。那个时候,刚刚发明集成电路的仙童公司还不清楚这玩意儿到底有什么用,克雷就大胆地把集成电路技术首次应用在 Cray-1 上,使之成为世界上第一台可持续实现亿次超级计算的机器。尽管 Cray-2 之后的 Cray-3、Cray-4 基本都失败了,后来创立的克雷计算机公司破产,西摩·克雷公司被收购了,自己出车祸去世,但克雷"永争第一"的精神却不断激励着后来人。

第二，坚持超级计算机体系结构简洁性的设计思想。计算机体系结构的简洁性是克雷一贯秉持的重要设计思想，在他研制的各代计算机产品中都得到充分体现。克雷认为，"（在计算机界）大多数人都能设计出好的中央处理器（Central Processing Unit，CPU），但极少数人才能打造出好的体系结构"。最初的1103机就是他在这一思想的指导下实现的，它异常简约，不含任何不必要的东西。在商业竞争中，克雷始终坚持简洁性原则，甚至在20世纪80年代才风靡全球的精简指令集计算机设计思想（Reduced Instruction Set Computer，RISC）产生之前，他就提出并采用了类似精简指令集计算机设计思想的设计理念"简即是美"。他曾说："我的指导思想是简洁性，不要把任何多余的东西放进不必需的地方，这样就可以尽量简单地设计计算机"，"回到最基本，使机器尽可能高效、精简"，"我设计电子计算机就像设计帆船，尽力使它简单"。Cray系列超级计算机把克雷的简洁思想发挥到了极致，他一个人就独立设计完成了全部的硬件与操作系统。

第三，创造新型超级计算机的方法学。克雷有自己的创造新型计算机的方法学。他说："洞察力来自顾客……过去三四十年来，我的许多创新都来自用户。他们会告诉我哪里有问题。在下一代产品中我就改善这些问题，这种方法极具革命性。基本上从我设计的第一天起，就有了这种继承性。"他从使用过早先机器的顾客那里取得反馈信息，研究他们的抱怨和要求，从这些意见中，总结出经验教训，并提出一些创新的思想，并考虑如何用在他的下一个设计中。对克雷来说，一个工程项目计划的设计过程是非常重要的。设计的基本概念是他自己提出的，但是需要支持者去实现他的理想，克雷认为这是有效而正确地完成各项任务的仅有方法。一旦一项任务完成了，而且得到肯定，那么另一项新的计划就该开始了。在设计新计算机的基本部分时，他的方法是首先提出一些问题，例如"计算机的指令系统是什么""存储器的存储容量多大""存储器是用什么做的"等，一旦这些问题确定了，他认为就可以开始建造计算机了。

第四，排除一切干扰，专注自己喜爱的超级计算机研究工作。克雷从小就常常醉心于自己感兴趣的电气设备。在回顾中学时期因不怎么接触外界而饱受老师和同学诟病时，克雷曾自嘲道："那时我把所有的时间都花在电气工程实验室，真的没有足够精力再参加交际活动。"研制CDC6600时，克雷带领30多人隐入威斯康星州的密林深处，四年多没有出来参加任何社会活动，埋头研制机器，连国际学术机构为他颁奖，克雷也不愿抛头露面前去出席。作为公司的二把手，克雷一年只去总部看几次，而公司的首席执行官只能在有预约的情况下一年见他两次。也有些时候，非常重要的高层会亲自赶往密林中的红嘴鸥瀑布下听克雷的讲座。会后，他们到当地的小吃店喝酒聚餐，克雷总是匆匆吃完一个热狗面包就赶回去工作。为此，克雷获得了"丛林隐士"的绰号。在开发Cray-1时，克雷和他的助手每天午后数小时都扎在实验室干活，下午四点回家小憩，晚上他又独自一人回到公司工作到次日凌晨。Cray-1成功后，克雷觉得与日俱增的声望不是什么好事，过多的行政事务与社会活动使他不能专心于自己的目标。克雷干脆将董事长的位子让给公司总裁，自己只保留董事会成员的身份，并成为公司唯一的研究与开发承包人，他又可以集中精力了。克雷总是谢绝各种科学商业团体的邀约讲演活动。1976—1981 年，他没有见一个记者。克雷也很少让公司的职员去拜访他，每天下午他都不会接听电话。用克雷的话说，他可以专注于计算机"物的"部分，而非"人的"部分了。

克雷一生为超级计算机技术的发展作出了不可磨灭的突出贡献，社会各界对他的评价都很高。1968 年，克雷就被国际计算机信息处理协会美国基金会授予 W. W. 麦克道威尔奖。1976 年，取得了很大成功的 Cray-1 首先被美国军方科研部门用于研制增强安全性能的战略核弹头，美国国防部官员称克雷为"美国民族的智多星"。在他去世十多年后的 2009 年，克雷研究公司研制的超级计算机"美洲虎"以每秒 1759 万亿次的浮点计算能力，在第 34 届超级计算机世界 500 强中排名第一。

（作者：司宏伟　冯立昇）

马文·明斯基

卓越的人工智能科学家

马文·明斯基

(Marvin Lee Minsky, 1927—2016)

人工智能自问世半个多世纪以来，已经取得了长足的进展，由于其应用的广泛性及存在的巨大研究开发潜力，吸引了越来越多的科技工作者投入其研究中。尤其是 20 世纪 80 年代以来，出现了世界范围的新技术开发高潮，许多发达国家的高科技计划以计算机技术为其重要内容，而尤以人工智能为其基本组成部分。人工智能成为国际公认的当代高技术的核心部分之一。

在人工智能的兴起和发展中，涌现出了一大批伟大的科学家，马文·明斯基是其中一位杰出的代表。明斯基是麻省理工学院电子工程和计算机科学教授，他的研究引领了人工智能、认知心理学、神经网络、图灵机理论和回归函数这些领域的理论与实践的发展潮流。他发明了世界上第一台共聚焦扫描显微镜，提出了框架理论、心智社会以及情感机器等众多理论和观点。他是第一位获得"图灵奖"的人工智能科学家。可以说，在人工智能的发展历程中，明斯基的名字丝毫不逊色于阿兰·图灵、麦卡锡、香农、西蒙和纽厄尔等大师级的人物。

一、家庭情况

马文·明斯基 1927 年 8 月 9 日生于美国纽约。他的父亲是一名眼科医生，同时又是一位艺术家。他的母亲则是一个活跃的犹太复国主义者（真是有趣的巧合：麦卡锡的母亲是来自立陶宛的犹太人，活跃的女权主义者）。小学和中学，明斯基上的是私立学校，对电子学和化学表现出较多的兴趣。他的活动范围基本上是知识分子阶层。1945 年高中毕业后明斯基应征入伍，在芝加哥北边的大湖海军培训中心和其他约 120 名新兵一起接受了训练。按明斯基本人后来的说法，这是他第一次也是最后一次和非学术界的人员混在一起。

1953 年，明斯基迎来了自己人生的重要时刻，他和一位医生，也就是他后来一生的妻子格洛丽亚·鲁迪什结婚了。我们都知道，有很多名人在事业上非常成功，但是在婚姻问题上却不是很顺利，甚至有过数次婚姻。然而明斯基的婚姻非常幸福，他与妻子相濡以沫一生，他们一共有三个孩子：玛格丽特、亨利和朱莉安娜。

二、投身人工智能研究

1946 年明斯基在退伍之后进入哈佛大学主修物理，但他选修的课程相当广泛，从电气工程、数学到遗传学等，涉及多个学科专业，有一段时间他还在心理学系参加过课题研究。当时流行的一些关于心智起源的学说和理论使他难以接受，比如新行为主义心理学家斯金纳根据一些动物行为的事实提出理论，把人的学习与动物的学习等同起来。明斯基对此很不以为然，这激发了他要把这个问题弄清楚的决心。后来他放弃物理改修数学，并于 1950 年在哈佛大学本科毕业，之后进入普林斯顿大学研究生院深造。第二次世界大战以前，图灵正是在这里开始研究机器是否可以思考这个问题的，明斯基也在这里开始研究同一问题。1951年他提出了关于思维如何萌发并形成的一些基本理论，并建造了一台学习机，名为 Snare。在 Snare 的基础上，明斯基综合利用他多学科的知识，解决了使机器能基于对过去行为的知识预测其当前行为的结果这一问题，并以"神经网络和脑模型问题"为题完成了他的博士论文，1954年在普林斯顿大学取得博士学位。

20世纪50年代，是人工智能发展的早期。在现代计算机诞生初期，第一篇讨论关于人类智能机械化的可能性的文章是计算机科学的创始人之一、后来被人们称为人工智能之父的阿兰·图灵于1950年所著的《计算机与智能》。同一时期，美国科学家约翰·莫奇利等人制成了世界上第一台电子数字计算机埃尼阿克计算机。随后又有不少人为计算机的实用化不懈奋斗，其中贡献卓著的应当是冯·诺伊曼。目前世界上占统治地位的依然是冯·诺伊曼计算机。电子计算机的研制成功是许多代人坚持不懈努力的结果，这项划时代的成果为人工智能研究奠定了坚实的基础。同一时代，美国数学家诺伯特·维纳的控制论的创立，美国数学家香农信息论的创立，英国生物学家阿什比所设计的脑等，这一切都为人工智能学科的诞生作出了理论上和实验工具方面的巨大贡献。

1954年获得博士学位之后，明斯基又回到了哈佛大学，进入到了社会学会工作。在1955年，明斯基作出了自己的一项重大贡献——发明了世界上第一台共聚焦扫描显微镜。如今这款机器是世界各大实验室使用的标准机型，但是在当时以及随后相当长的一段时间里，这么有意义的发明却被人们忽略了。或许只有在我们进行了更多的研究之后，才能察觉出这项研究的意义，这也是有可能的。值得一提的是明斯基只发表了他发明的样品，他并不仅仅是成功地发明了一个显微镜，而是做出了一个值得我们骄傲的研究典型。但当他给一些人展示这项发明时，人们只是一瞥而过，却没有一个接受他的概念的人。当时，哈佛是许多著名的专家学者云集的地方。安德鲁·格利森的数学课、约翰·韦尔什的神经生理学、马库斯·辛格的神经解剖学、乔治·米勒的心理学，以及赫伯特·戈德斯坦的古典机械学等都是非常经典的课程。但是明斯基却对实验课情有独钟。在实验室里，明斯基会重现过去那些伟大的物理实验：将波带片放在玻璃片上染色，然后从屏幕中观察它的焦点；从显现的中线看过去两条道路的长度好像是一样的，而测量这些长度的工具不过是镜子和光线而已。

在哈佛社会学会的几年里，明斯基享有许多特权，没有义务和责任，也不需要受到监督。学校里所有的便利条件都为他所用，而明斯基只信守一个简单的誓言，就是寻找真理。这种自由正是他当时所需要的，因为他在课程上做了一些变动。明斯基的时间有限，无法在显微镜下弄懂有关大脑的知识。所以那几年他一直在琢磨其他的方法。后来明斯基转换了一种方式，从更大的范围入手来看思维是如何将步骤分解成一个比一个小的部分的。可能这样学习更有利于我们掌握更多大脑的底层运转程序。

时间证明了这个新的方法是有效的。不过后来解决光线散射的问题又成了明斯基的一大困扰。还好当时社会学会的高级成员爱德华·珀塞耳给明斯基在林曼物理实验室弄了个办公室，里面的窗子正对着哈佛校园，而且只要明斯基有需要就可以使用任何实验室和实验设备。(那个房间曾是西奥多·莱曼的办公室。在一张旧书架夹层的文件里明斯基发现了有关衍射光栅的规律，此时他深深地为这位资深的光谱学家感到惊叹。) 后来明斯基发现要避免光线散射，就必须排除其他无关光线的干扰。

明斯基在研究过程中发现，一个理想的显微镜能够对样品的各个试点进行检查并测量出散射光的数量，或者是测量被试点吸收的数量。但如果同时做太多次这样的测量，那么试点的焦点图像则会因畸变的散射光遮盖而产生倾斜，那么所观察到的就不是那个试点了。只要一次只照射样品的一个试点，那么大部分这种多余的光线是可以避免的。要完全消除所有的散射光是不可能的，因为散射的原因是多种多样的，但是消除瞄准观测试点的光就容易得多了。只需要使用第二台显微镜（不是聚光透镜的），用针孔透镜对单个样品试点进行成像。这可以按数量大小来消除样品上的光线，而又不会降低焦点的观测亮度。但是有些焦点光源也会因为焦距没对准而在成像板中发生散射。但这些光线也能够很好地规避，只需要在成像板也就是物镜的另一边安装另一个微孔透镜。

虽然在这过程中遇到了重重困难，但是明斯基仍旧坚持制作显微镜的梦想。后来明斯基在自己的回忆录中提到了让他继续坚持下去的一个重要动力，那就是他的姐夫莫顿·阿姆斯特是一位专利代理人，而且非常喜欢这个设备，因此明斯基继续坚持这个实验。社会学会的成员又一次给了他帮助，这次是卡罗尔·威廉斯邀请明斯基去他的实验室来制作它。这个全新的显微操纵器非常简单：明斯基从正确的角度加强了三个扩音器的音圈,并将它们用电线在对角裱好的针形探头上绑牢。只需要简单地改变三个音圈的电流,就可以让这个针形探头指向任何空间方位。经过艰苦的努力,明斯基最终完成了共聚焦扫描显微镜的发明,这个在当时并不起眼的发明却在后来的几十年里对人工智能领域的发展起了重要的作用。事实上明斯基发明这个显微镜所依赖的概念,后来被耶鲁大学的埃格、达维多维茨,牛津大学的谢泼德、威尔逊、布拉克霍夫,以及阿姆斯特丹的几所大学发扬光大。

三、达特茅斯会议

20世纪50年代的人工智能研究者大多受到阿兰·图灵等人的影响,其中就包括明斯基、麦卡锡、香农、西蒙和纽厄尔等人。明斯基博士毕业之后回到了哈佛工作,1956年夏天,他与麦卡锡、香农等人一起发起并组织了成为人工智能起点的"达特茅斯会议"。在这个具有历史意义的会议上,明斯基的Snare,麦卡锡的α-β搜索算法,以及西蒙和纽厄尔的"逻辑理论家"是会议的三个亮点。

"达特茅斯会议"是一次影响深远的历史性会议。这次聚会本来属于朋友间沙龙式的学术研讨,与会者也仅仅只有10个人,主要发起人是达特茅斯大学的青年助教麦卡锡、哈佛大学的明斯基、贝尔实验室的香农和国际商业机器公司信息研究中心的罗彻斯特,他们邀请了卡内基-梅隆大学的纽厄尔和西蒙、麻省理工学院的塞尔弗里奇和所罗门诺夫,以及国际商业机器公司的塞缪尔和莫尔。

麦卡锡是东道主,也是主要发起人。麦卡锡1927年生于波士顿，1948 年加州理工学院毕业，1951 年在普林斯顿大学获得博士学位。1948 年 9 月，他参加了一个"脑行为机制"的专题讨论会，会上冯·诺伊曼发表了一篇关于自复制自动机的论文，提出了可以复制自身的机器的设想。这激起了麦卡锡的极大兴趣和好奇心，自此就开始尝试在计算机上模拟人的智能。这一阶段，他的研究工作就得到了冯·诺伊曼极大的肯定。在达特茅斯会议前后，麦卡锡的主要研究方向是计算机下棋。麦卡锡经过艰苦探索，终于发明了著名的 α-β 搜索算法，使搜索能有效进行。在 α-β 搜索算法中，麦卡锡将结点的产生与求评价函数值两者巧妙地结合起来，从而使某些子树结点根本不必产生与搜索。α-β 搜索算法至今仍是解决人工智能问题中一种常用的高效方法。

而参加此次会议的另一个重要人物就是明斯基，此时的明斯基是哈佛大学数学系的助教。他为这次会议带来了名为 Snare 的学习机的雏形（主要学习如何通过迷宫）。Snare 是世界上第一个神经网络模拟器，其目的是学习如何穿过迷宫，其组成中包括 40 个"智能体"和一个对成功给予奖励的系统。Snare 虽然还比较粗糙和不够灵活，但毕竟是人工智能研究中最早的尝试之一。

卡内基－梅隆大学的西蒙和纽厄尔所带来的成果也让此次会议大放异彩。他们带来了启发式程序"逻辑理论家"，它已能证明数学名著《数学原理》一书第二章 52 个定理中的 38 个定理。

这些青年学者的研究专业包括数学、心理学、神经生理学、信息论和计算机科学，分别从不同的角度共同探讨人工智能的可能性。他们的名字人们并不陌生，例如香农是信息论的创始人，塞缪尔编写了第一个电脑跳棋程序，麦卡锡、明斯基、纽厄尔和西蒙都是"图灵奖"的获奖者。在会上他们第一次正式使用了人工智能这一术语，从而开创了人工智能的研究方向。这次历史性的聚会被认为是人工智能学科正式诞生的标志，从此在美国开始形成了以人工智能为研究目标的几个研究组，如纽厄尔和西蒙的 Carnegie RAND 协作组、塞缪尔和格伦特尔的国际商业机器公司工程课题研究组、明斯基和麦卡锡的 MIT 研究组等。

在这次会议上，诸位专家学者对于什么是人类智能（或者说智力）进行了广泛深入的探讨。有人从生物学角度将其定义为"中枢神经系统的功能"，有人从心理学角度将其定义为"进行抽象思维的能力"，甚至有人主张把它重复地定义为"获得能力的能力"，或者不求甚解地说它"就是智力测验所测量的那种东西"。正如《大不列颠百科全书》指出的那样，这些定义并未被人们所普遍接受。既然连人类智能都无法给出精确的定义，对人工智能也只好众说纷纭了。例如，西蒙认为：AI 是学习人类怎样完成编制计算机程序这样机智的行为。鉴于图灵用行为来判断机器是否具有智能，麻省理工学院的温斯顿说："人工智能就是研究如何使计算机去做过去只有人才能做的智能的工作。"而对于这个问题，明斯基也提出了自己的观点，他认为人工智能一方面帮助人类思考，另一方面使计算机更有用。明斯基作为人工智能的倡导者之一，是坚信人的思维过程可以用机器去模拟，机器也可以有智能的。他的一句流传颇广的话就是："大脑无非是肉做的机器而已。"在这次会议上，明斯基提出了他对智能机器的看法：智能机器"能够创建周围环境的抽象模型，如果遇到问题，能够从抽象模型中寻找解决方法"。这个定义影响到以后 30 年智能机器人的研究方向。

这些定义至少使我们明确了，达特茅斯会议确立的这一新兴学科，研究的对象仍然是一种计算机系统，这种计算机能够表现出人类智力活动的特征，从而延伸和"放大"人类的智能。

四、创建 MIT 人工智能实验室

1959 年，在达特茅斯会议结束三年后，明斯基从哈佛转至 MIT，同时麦卡锡也由达特茅斯来到 MIT 与他会合，两位老朋友在这里共同创建了世界上第一个人工智能实验室。在他们两人的领导下，整个人工智能领域也随之深深烙上他们的印迹。1959 年麦卡锡发明的表（符号）处理语言 LISP，成为人工智能程序设计的主要语言，至今仍被广泛采用。明斯基有开创性的 1961 年的论文《迈向人工智能》概述和分析了以前的成果，并提出了人工智能这个新生学科的主要问题。1963 年的论文《事物、大脑和模型》论述了制造自我意识机器的问题。在 1969 年的论文《感知器》中，他和他的好朋友西摩·帕佩特论述了无循环学习和模式识别机器的功能和局限。这期间，明斯基还设计和参与制造了能够感觉、在一定范围内可操作目标的机器手臂，这是人工智能发展史上的一个里程碑。

20 世纪 60 年代末到 80 年代初是人工智能发展的兴盛时期。这一时期学术交流的发展对人工智能的研究有很大推动作用。1969 年国际人工智能联合会成立，并举行第一次学术会议 IJCAI-69（International Joint Conference on Artificial Intelligence），以后每两年召开一次。随着人工智能研究的发展，1974 年又成立了欧洲人工智能学会，并召开第一次会议 ECAI（European Conference on Artificial Intelligence），也是每两年召开一次。此外，许多国家也都有本国的人工智能学术团体。在人工智能刊物方面，1970 年创办了《人工智能》国际性期刊，爱丁堡大学还不定期出版《机器智能》杂志，还有 IJCAI 会议文集、ECAI 会议文集等。此外，许多国际知名刊物也刊载人工智能的论文。

在这一时期，第一个能演示具体领域知识的专家系统 DENARAL，是由被誉为"专家系统和知识工程之父"的费根鲍姆所领导的研究小组于 1968 年研究成功的，它可以根据所提供的化学分子式和质谱分析图来预测有机物分子的结构。接着，其他专家系统相继出现，包括医疗诊断专家系统、计算机结构设计专家系统、符号积分与定理证明专家系统、钻井数据分析专家系统和电话电缆维护专家系统等。这些系统的性能可以与同类专家的智能相匹敌。这是人工智能应用研究在当时的重大进展，立即受到广泛的重视，其投资力度加大，参加人数剧增。从 GPS 诞生到专家系统的不断出现，表明以逻辑为基础的符号计算处理方法，无论在智能模拟还是在智能系统的建造上都同样能取得成功。

1977 年费根鲍姆进一步提出了知识工程的概念，这一思想成功地指导了许多智能系统的研制，并被广泛应用于各个领域。在开发专家系统的过程中，许多研究者获得共识，即人工智能系统是一个知识处理系统，而知识表示、知识利用和知识获取则成为人工智能系统的三个基本问题。

其实早在 1975 年，也就是费根鲍姆提出知识工程概念的前两年，明斯基就与 MIT 人工智能实验室的同事们一起开创了一种知识表示的模式——框架理论。框架理论的核心是以框架这种形式来表示知识。框架的顶层是固定的，表示固定的概念、对象或事件。下层由若干槽组成，其中可填入具体值，以描述具体事物特征。每个槽可有若干侧面，对槽作附加说明，如槽的取值范围、求值方法等。这样，框架就可以包含各种各样的信息，例如描述事物的信息，如何使用框架的信息，对下一步发生什么的期望，期望如果没有发生该怎么办，等等。利用多个有一定关联的框架组成框架系统，就可以完整而确切地把知识表示出来。

明斯基最初是把框架作为视觉感知、自然语言对话和其他复杂行为的基础提出来的，但一经提出，就因为它既是层次化的，又是模块化的，在人工智能界引起了极大的反响，成为通用的知识表示方法被广泛接受和应用。不但如此，它的一些基本概念和结构，也被后来兴起的面向对象技术和方法所利用。比如后来出现的 XML（可扩展标记语言）和 RDF（资源描述框架）这两种可用于开发语义网的重要技术。RDF 通过一些包括对象、属性、值的三元组来表达意思。这些三元组可以用 XML 标记表示。此外，明斯基的框架理论也成为当前流行的一些专家系统开发工具和人工智能语言的基础，例如，著名的 KRL（Knowledge Representation Language）就是 1979 年由鲍勃罗夫（他也是 1992 年获得 ACM 软件系统奖的 Interlisp 的主要开发者之一）基于框架结构设计与实现的。框架理论的另外两个特殊贡献是：一、它最早提出了"缺省"（default）的概念，成为常识知识表示的重要研究对象。二、从框架发展出"脚本"表示方法，可以描述事件及时间顺序，并成为基于示例的推理 CBR（case-based reasoning）的基础之一。

在提出框架理论之后不久，明斯基还对机器人技术按照自己的理解进行了改进。其实早在达特茅斯会议上，明斯基就提出了他对智能机器的看法：智能机器能够创建周围环境的抽象模型，如果遇到问题，能够从抽象模型中寻找解决方法。后来在 MIT 人工智能实验室里，明斯基与他的几个学生一起研究，把人工智能技术和机器人技术结合起来，开发出了世界上最早的能够模拟人活动的机器人 RobotC，使机器人技术跃上了一个新台阶。

明斯基对于机器人技术的发展具有突出的贡献。从 1968 年美国斯坦福研究所公布他们研发成功的机器人谢克，到 1978 年美国万能自动化公司推出通用工业机器人 PUMA，标志着工业机器人技术已经完全成熟。而 1999 年日本索尼公司推出的犬型机器人爱宝（AIBO），一经面世，当即销售一空，从此娱乐机器人成为目前机器人迈进普通家庭的途径之一。包括科幻小说家艾萨克·阿西莫夫，也是明斯基的好朋友，在小说《我，机器人》中所订立的"机器人三定律"等等，可以说，其中处处都渗透着明斯基的机器人思想。

在 20 世纪七八十年代，明斯基在 MIT 人工智能实验室的研究成果是很丰富的。他在当时的另一个大举措是和他的几个学生一起创建了著名的思维机公司，开发具有智能的计算机。20 世纪 80 年代中期思维机公司开始推出著名的"连接机"系列 CM-1、CM-2 和 CM-5，把大量简单的存储－处理单元连接成一个多维结构，在宏观上构成大容量的智能存储器，再通过常规计算机执行控制、I/O和用户接口功能，能有效地用于智能信息处理。CM-1 由 4 个象限组成，每个象限包含多达 16384 个一位处理器，全部处理器则分为 4096 组，组间形成 12 维超立方体结构，其集成峰值速度达到每秒 600 亿次。CM-5 的结点数更多，功能更强。

五、心智社会与情感机器

在 MIT，明斯基结识了一位好朋友以及事业上的合作伙伴，这就是著名的人工智能教授西摩·帕佩特博士。帕佩特并不是地道的美国人，他 1928 年出生于南非，1954—1958 年在英国剑桥大学从事数学研究，1958—1963 年在瑞士日内瓦大学师从著名教育家和儿童心理学家皮亚杰，并与其一起工作，正是这段经历促使其思考如何利用数学去理解和解释学习者的学习与思维。

20 世纪 60 年代初，帕佩特进入 MIT 的人工智能实验室，他是著名的 MIT 媒体实验室的创建者之一，并一直在该实验室工作。帕佩特最著名的成就之一是于 1968 年发明的 LOGO 编程语言。1970 年与其同事合著了人工智能著作《认知器演算法》。自 20 世纪 70 年代开始，他一直致力于通过 LOGO 语言帮助儿童成为他们自己"智力建设"的建设者。

在 70 年代早期，明斯基和帕佩特开始阐明一个叫作"心智社会"的理论，它通过观察成长中的儿童的心理和活动来进行人工智能的研究。该理论认为儿童心理并非单一机制的产物，而是产生于多因素不同策略的交互作用。他们认为这种多样性是很必要的，因为不同的任务需要不同的机制，这就把心理学从一些不结果实的"基本"原理（虚无的心理学概念定义）转变成为对不同因素的可操作性研究。

在70年代和80年代早期，这些理论零散地出现在各种论文中。帕佩特用主要精力来把这些理论应用于教育，而明斯基继续主攻该理论。1985年，明斯基出版了《心智社会》一书，在书中每一页都提出一种解决心理现象的机制或说明另一页方案的问题。

人类的心智是什么？它是如何运行的？明斯基在其《心智社会》一书中提出了如上问题。他探究了众多问题，从精神进程的最简单组成到对大型思维构建组织的建议，最终谈及了几乎每一个人都可能会问的关于人类认知的问题：我们是如何辨认物体和景物的？我们是如何运用词汇和语言的？我们是如何实现目标的？我们是如何学会新的概念和技能的？我们是如何理解事物的？什么是感受和情感？"常识"是如何运行的？

在找寻以上问题答案的过程中，明斯基并没有找寻一种所有人类的认知现象都产生于此的"基本原则"，比如某种通用的推理方法、全能表述或统一的数学理论。相反，为了解释心智的众多功能，明斯基向读者提及了一种理论，这种理论让如下观点熠熠生辉：心智包含众多不同的机制，每一个心智就是一种"心智社会"，这种社会拥有非常多的结构和进程，对于每一个人来说，这种社会是世代基因进化的特有产物，是几千年人类文化进化的特有产物，也是许多年个人经历的特有产物。

麻省理工学院人工智能实验室是一所世界领先的人工智能实验

室，其研究范围涵盖众多，包括机器学习、知识表达、机器人操作、自然语言处理、计算机视觉及常识推理等方面。因此，在当时，较之于其他团队来说，麻省理工学院人工智能实验室里的同事们或许对认知过程的真正复杂度要更加明了。

尽管《心智社会》一书非常出名，然而要将这种理论付诸实践的想法却非常少。其中的一个难处在于，明斯基是分片段、分层次地将这种理论展示出来，而且，他的文章更多关注的是"机制"方面的内容，这些内容只有在术语表中才可被特别区分开来。

明斯基的心智理论对整个人工智能的研究起到了举足轻重的作用。在《心智社会》中，明斯基首次提出将意识移植到机器之内的实现可能，电子脑的出现就是这个原理的直接证据。作为极端化的物体，电子脑的原型是 1998 年 9 月 23 日国际商业机器公司宣布推出的可穿戴 PC，这种 PC 第一次将人体与 PC 直接联系起来。这一理论对于认知科学的发展也起到了启示作用，它直接促进了认知主义的核心思想——认知信息加工理论的发展。

或许是因为明斯基的体系框架太超前了，在 20 世纪的 80、90 年代，很少有人工智能研究人员可以很轻松地理解明斯基所论述的所有内容，包括学习、推理、语言、感知、行为、表述等。这样的状况一度使明斯基感到很失落，但是随着这个领域的不断成熟，人工智能领域内的拥有这些观点的研究人员数量在不断增加。

理论的本身并没有停止发展。《心智社会》体现出了明斯基一定时期的观点。2006 年，他又出版了续集《情感机器》，这本新书描述了明斯基 20 世纪 80 年代后期以来所具有的许多观点，提供了更多的理论用来解决感觉、目的、情感和多层次的有意识思考问题，其中的一些问题可以引起对其他问题的思考。

这本书主要谈论了两个大的问题：一是描述人类大脑是如何运行的；二是研制能够感觉和思考的机器。明斯基最终把这两个问题串联起来，他在探讨人类大脑的同时，也勾勒出了未来机器的一个模板，那就是像人一样的灵活，善于思考，具有情感。对于人类的精神活动，明斯基在《情感机器》中提出了一些新观点。与《心智社会》提出的一些理论相比，《情感机器》把注意力主要放在人类最高级和最成熟的想法上，讨论思维如何运行，何时把它看作独立进程的集合等问题，因此两本书所讨论的主题没有多少是相同的。要想理解任何一个复杂的事情，需要从多个角度来看——明斯基尽力"从内部"的视角来描绘思维——同时也提出了一些可用来建立"心智"机器的技能。

明斯基不仅在科学上成就卓著，同时也是一个爱好广泛的人。他本人是一个狂热的音乐爱好者，是伟大的音乐家贝多芬的忠实乐迷。在《情感机器》中，他对认知、情绪、音乐、幽默感、人工智能等问题都有独到的解读，语言也写得十分浅白易懂，适合所有对这些问题感兴趣的一般读者。在一次接受美国记者采访时，明斯基曾经说道："贝多芬是最伟大的实验者，他尝试了各种新的音乐类型，这个人发明了一百种新的思维方式。我觉得情绪不过是思维方式罢了。如果听过音乐之后，你的思维方式没有改变，那最好还是不要听了。"音乐不仅帮助我们用不同的方式思考，音乐唤起的情绪和思维方式也和自然状态下产生的不同。它触及的那部分意识是其他过程所无法触及的。这就是明斯基带给我们的观点。

《情感机器》的大部分理论是由明斯基本人提出的，但很多相关的想法是在早期同西摩·帕佩特、亚伦·斯洛曼、丹尼尔·丹尼特等学者以及他的学生一起工作时就产生的。特别是他的学生——已故的普什·辛格（他写了很多关于明斯基思想的评论文章），他曾是明斯基最忠实的合作伙伴。

明斯基关于《心智社会》与《情感机器》的很多想法受到西摩·帕佩特、麦卡锡、沃伦·麦卡洛克、曼纽尔·布卢姆、雷·所罗门诺夫、香农、奥利弗·塞尔弗里奇、纽厄尔、西蒙、罗杰·尚克、道格拉斯·莱纳特、爱德华·弗雷德金和肯尼斯·哈泽等人思想的影响。当然，也有很多想法来源于他的妻子，在过去的20年里，这些想法都直接或间接地推动了其理论的发展。

六、获得荣誉及世人评价

明斯基在人工智能领域的贡献是多方面的。作为一名伟大的人工智能科学家，同时也是一位思想家，他的科学贡献和哲学思想对人工智能、认知科学、科学哲学等领域的发展都作出了突出的贡献，为世人所尊敬，因此，他获奖无数。在1969年，明斯基获得图灵奖，这是第一位获此殊荣的人工智能学者。其后，麦卡锡（1971年）、西蒙和纽厄尔（1975年）、费根鲍姆和劳伊·雷迪（1994年）等5名人工智能学者先后获奖，在截至2010年获图灵奖的40名学者中占了近1/6，可见人工智能学科影响之深远。明斯基在接受图灵奖时发表了题为《计算机科学的形式和内容》的演说。明斯基在演说中讨论了在计算理论、程序设计语言和教育三个方面的所谓"形式和内容的混淆"问题，并发表了自己的看法。其中相当篇幅是批评当时的"新数学"的。他主张对儿童的数学教育，不但要强调形式，也不应忽略内容。

除了获得图灵奖，明斯基还于 1989 年获得 MIT 所授予的基利安奖。1990 年他获得日本政府所设立的"日本奖"。此外，明斯基还是日本东芝公司媒体艺术和科学领域的教授，美国科学院和美国工程院院士，他曾出任美国人工智能学会 AAAI 的第三任主席（1981—1982）。

明斯基一生桃李满天下，他的学生后来都成为了美国一些著名大学的教授，比如普什·辛格，去世之前是 MIT 的计算机教授，还有斯科特·法尔曼，也是明斯基的得意门生，现在是卡内基－梅隆大学的教授。

明斯基与许多很有个性的科学家不同，他做人低调、随和，是一个非常谦让、平易近人的人。他的这种性格为学生们所喜欢，同时也使他结识了许多事业上很重要的伙伴和朋友，像西摩·帕佩特、麦卡锡、沃伦·麦卡洛克、雷·所罗门诺夫、香农、纽厄尔、西蒙等人。

在肯定明斯基的科学贡献与哲学思想的同时，我们也应清楚地看到，他的一些思想比较激进，而且直到现在也存在着一定的争议。明斯基曾经说过他的目标是希望构建一个像人一样的机器人，甚至比人更加优秀。明斯基曾作过这样的预言："在三年到八年的时间里，我们将研制出具有普通人一般智力的计算机。这样的机器能读懂莎士比亚的著作，会给汽车上润滑油，会玩弄政治权术，能讲笑话，会争吵。到了这个程度后，计算机将以惊人的速度进行自我教育。几个月之后，它将具有天才的智力，再过几个月，它的智力将无与伦比。"他的这种观点遭到了另一位图灵奖获得者威尔克斯针锋相对的抨击，孰是孰非，有待进一步的科学研究和实践去判断。

（作者：路　寻）

参考资料

沃康松 人形自动机黄金时代的开创者

[1] M. D. Moran. Jacques de Vaucanson:The Father of Simulation [J]. Journal of Endourology. 2007,21 (7):679-683.

[2] J. Riskin. The Restless Clock:A History of the Centuries-Long Argument Over What Makes Living Things Tick [M]. Chicago:University of Chicago Press.2016.

[3] G. Wood. Living Dolls:A Magical History of the Quest For Mechanical Life[M]. London:Faber & Faber,2003.

[4] M. Kang. Sublime Dreams of Living Machines:The Automaton in the European Imagination [M]. Harvard:Harvard University Press,2011.

[5] S. De Price. Derek,J. Automata and the Origins of Mechanism and Mechanistic Philosophy [J]. Technology and Culture.1964,5 (1):9-23.

[6] B.Woodcroft. The Pneumatics of Hero of Alexandria [M]. London:Taylor, Walton and Maberly,1851.

[7] Ibn al-Razzaz al-Jazari. The Book of Knowledge of Ingenious Mechanical Devices [M]. Dordrecht:Reidel Publishing Company,1974.

[8] R. Jessica. Machines in the Garden [J]. Republics of Letters:A Journal for the Study of Knowledge,Politics and the Arts.2010,1 (2):16-43.

[9] V. De Jacques. An Account of the Mechanism of an Automaton,or Image Playing on the German-Flute [M]. London:Medicine,Science and Technology,1742.

[10] A. M. Blackman. The Rite of Opening the Mouth in Ancient Egypt and

Babylonia [J]. The Journal of Egyptian Archaeology. 1924, 10 (1):47–59.

[11] A. Voskuhl. Androids in the Enlightenment:Mechanics, Artisans, and Cultures of the Self [M]. Chicago:University of Chicago Press, 2015.

查尔斯·巴贝奇　计算机史上被误判的先驱者

[1] F. Brown Stuart. Mr.Babbage's Wonderful Calculating Machine [J]. Popular Science, 1993.

[2] B.Hennessy Eileau. A History of Technology & Invention [M]. New York: Crown Publishes, 1977.

[3] 陈光.略论近代科学体制化过程 [J].自然辩证法研究,1987.

[4] F.梅森.自然科学史 [M].上海:上海人民出版社,1977.

乔治·布尔　现代信息技术的数学基础奠基者

[1] Addison Greenwood, Marcia F. Bartusiak. Science at the Frontier [M]. Washington D. C.:National Academy Press, 1992.

[2] D. McHale. George Boole:His Life and Work [M]. Dublin:Boole Press Limited, 1985.

[3] G.Boole. On Certain Theorems in the Calculus of Variations [J]. The Cambridge Mathematical Journal 2, 1841:97–102.

[4] 汪晓勤.德·摩根:19世纪的数学名师、数学家和科学史家 [J].自然辩证法通讯,2001,23 (1).

[5] 李文林.数学史 [M].北京:高等教育出版社,2002.

杰克·基尔比　集成电路的开拓者

［1］T. P. Hughes. The Evolution of Technological Systems［M］// The social Construction of Technological Systems.New Dimensions in the Sociology and History of Technology. Cambridge：MIT press，1989.

［2］G. E. Mooer. Cramming on More Components onto Integrated Circuit［J］. Electrons，No. 19，1965.

［3］R. N. Noyce. Microelectronics［J］. Scientific American，No.3，1977.

［4］M. Wolff. The Genesis of the Integrated Circuit［J］. IEEE Spectrum 12，No.7（July）. 1976.

西摩·克雷　世界超级计算机之父

［1］IEEE. Computer Society. Tribute to Seymour Cray［EB/OL］. https：//www.computer.org/web/awards/about-cray，2010-08-24.

［2］J.M.Charles. The Supermen：The Story of Seymour Cray and the Technical Wizards Behind the Supercomputer［M］. Cambridge：John Wiley & Sons，1997.

［3］胡守仁.计算机技术发展史［M］.长沙：国防科技大学出版社，2016.

［4］National Academy of Engineering.Making a World of Difference：Engineering Ideas into Reality［R］. National Academies Press，2014.

［5］陈厚云，王行刚.电脑的成长：六十年代计算机发展史［J］.自然辩证法通讯，1980，2（6）：59-60.

［6］司宏伟，冯立昇.世界超级计算机创新发展研究［J］.科学管理研究，2017，35（4）：118.

［7］王行刚，陈厚云.七十年代计算机发展史［J］.自然辩证法通讯，1982，4（4）：55.

[8] 司宏伟,冯立昇.中国第一台亿次巨型计算机"银河-I"研制历程及启示[J]. 自然科学史研究,2017,36 (4):566.

[9] J.Markoff. Computer Whiz Seymour Cray [N]. New York Times,1996−10−06 (2).

[10] D. M. William. Midwest Computer Architect Struggles with Speed of Light [J]. Science,1978,199 (1):404−409.

[11] 白瑞雪. 巅峰决战[M]. 长沙:湖南科学技术出版社,2014.

马文·明斯基 卓越的人工智能科学家

[1] 李红霞:人工智能的发展综述[J]. 甘肃科技纵横:2007 (5):17−18.

[2] Marvin Minsky. A Framework for Representing Knowledge [M]. In P. H. Winsten (ed),The Psychology of Computer Vision,1975.

[3] Push Singh. Examining the Society of Mind [J]. Computing and informatics, 2003:1,3,8.

[4] Marvin Minsky. The Society of Mind [M]. Simon & Schuster. 1988:5−9,71−72,132−133,203−205.

[5] 邹淇:超级机器人计划——人工智能之父马文·明斯基访谈录[J]. 世界科学:2007 (3):7−10.

人名对照表

（按外文姓氏的首字母排序）

A

威利斯·阿德科克——W. Adcock

霍华德·艾肯——Howard Aiken

乔治·艾里——George Airy

莫顿·阿姆斯特——Morton Amster

理查德·阿克赖特——Richard Arkwright

弗朗索瓦-玛丽·阿鲁埃——François-Marie Arouet

威廉·罗斯·阿什比——William Ross Ashby

艾萨克·阿西莫夫——Isaac Asimov

B

查尔斯·巴贝奇——Charles Babbage

亨利·巴贝奇——Henry P. Babbage

巴丁——J. Bardeen

伯格斯特龙——W. Bergstrom

塞缪尔·伯纳德——Samuel Bernard

贝萨里翁——Bessarion

曼纽尔·布卢姆——Manuel Blum

爱德华·德·博诺——Edward de Bono

乔瓦尼·阿方索·博雷利——Giovanni Alfonso Borelli

巴西勒·布洪——Basile Bouchon

理查德·布雷思韦特——Richard Braithwaite

布拉顿——W. Brattain

阿兰·G. 布罗姆利——Allan G. Bromley

鲁珀特·布鲁克——Rupert Brooke

威廉·布鲁克——William Brooke

约翰·布尔——John Bull

C

大卫·钱珀瑙恩——David Champernowne

阿隆索·丘奇——Alonzo Church

弗莱德·克莱顿——F. W. Clayton

约瑟夫·克莱门特——Joseph Clement

安托万·夸瑟沃——Antoine Coysevox

卡罗尔·克雷——Carol R. Cray

西摩·克雷——Seymour Roger Cray

雷吉·克里克——Reg Crick

D

丹尼尔・丹尼特 —— Daniel Dennett
杰弗里・达默 —— J. Dummer
皮埃尔・迪穆兰 —— Pierre Dumoulin

E

约翰・埃克特 —— John Presper Eckert
艾森哈特 —— D. Eisenhart

F

斯科特・法尔曼 —— Scott Fahlman
让・巴蒂斯特・法尔孔
　　　 —— Jean Baptiste Falcon
费根鲍姆 —— E. A. Feigenbaum
弗劳尔斯 —— T. H. Flowers
方丹 —— ABBE De Fontaine
爱德华・弗雷德金 —— Edward Fredkin

G

安德鲁・格利森 —— Andrew Gleason
库尔特・格德尔 —— Kurt Gödel
戈德斯坦 —— H. H. Goldstine
古德 —— I. J. Good

H

肯尼思・哈泽 —— Kenneth Haase
赫尔曼・冯・亥姆霍兹
　　　 —— Hermann von Helmholtz

艾纽因・B. 亨尼森
　　　 —— Eileon B. Hennessey
约翰・赫舍尔 —— John Herschel
大卫・希尔伯特 —— David Hilbert
简・霍尔尼 —— J. Hoerni
巴里・霍洛韦 —— Barrie Holloway

J

布鲁诺・雅科 —— Bruno Jacomy
约瑟夫・玛丽・雅卡尔
　　　 —— Joseph Marie Jacquard
杰斐逊 —— G. Jefferson

K

墨文・卡列 —— M. Kaley
约翰・戈特弗里德・考夫曼
　　　 —— Johann Gottfried Kaufmann
约翰・凯 —— John Kay
沃尔夫冈・冯・肯佩伦
　　　 —— Wolfgang von Kempelen
弗里德里希・冯・克瑙斯
　　　 —— Friedrich von Knaus

L

拉克鲁瓦 —— S. Lacroix
道格拉斯・莱纳特 —— Douglas Lenat
罗彻斯特 —— N. Lochester
洛夫莱斯 —— Lovelace

人名对照表

西奥多·莱曼 —— Theodore Lyman

M
让·马尔甘 —— Jean Marguin
约翰·莫奇利 —— John William Mauchly
约翰·麦卡锡 —— John McCarthy
沃伦·麦卡洛克 —— Warren McCulloch
罗伯特·金·默顿 —— Robert K. Merton
乔治·米勒 —— George Miller
戈登·摩尔 —— Gordon E. Moore
迈克尔·E. 莫兰 —— Michael E. Moran
莫尔 —— T. More
杰克·莫顿 —— J. Morton
莫斯利 —— H. Moseley

N
约翰·冯·诺伊曼 —— John von Neumann
纽厄尔 —— A. Newell
尼约特 —— Nijhout
比尔·诺里斯 —— Bill Norris
罗伯特·诺伊斯 —— Robert N. Noyce

O
洛伦茨·奥肯 —— Lorenz Oken

P
西摩·帕佩特 —— Seymour Papert
布莱瑟·帕斯卡 —— Blaise Pascal
乔治·皮科克 —— George Peacock
罗伯特·皮尔 —— Robort Peal
菲隆 —— Philon
普赖斯 —— Price
爱德华·珀塞耳 —— Edward Purcell

Q
弗朗索瓦·魁奈 —— François Quesnay

R
兰德尔 —— B. Randell
劳伊·雷迪 —— Raj Reddy
杰西卡·里斯金 —— Jessica Riskin
大卫·伦琴 —— David Roentgen
格洛丽亚·鲁迪什 —— Gloria Rudisch

S
塞缪尔 —— A. Samuel
罗杰·尚克 —— Roger Schank
爱德华·舍茨 —— Edvard Schetz
乔治·舍茨 —— George Schetz
奥利弗·塞尔弗里奇 —— Oliver Selfridge
香农 —— E. Shannon
M. 谢泼德 —— M. Shepherd

肖克利 —— W. Shockley
谢尔平斯基 —— W. Sierpinski
西蒙 —— H. A. Simon
马库斯·辛格 —— Marcus Singer
普什·辛格 —— Push Singh
伯勒斯·弗雷德里克·斯金纳
　　　—— Burrhus Frederic Skinner
亚伦·斯洛曼 —— Aaron Sloman
雷·所罗门诺夫 —— Ray Solomonoff
弗朗茨·斯蒂芬 —— Franz Stephan
艾丽西亚·布尔·斯托特
　　　—— Alicia Boole Stott
多伦·D. 斯沃德 —— Doron D. Swade

图里诺 —— Juanelo Turriano

W

瓦尔丁格 —— R. J. Waldinger
小托马斯·约翰·沃森
　　　—— Thomas J. Watson Jr.
约翰·韦尔什 —— John Welsh
诺伯特·维纳 —— Norbert Wiener
莫里斯·威尔克斯
　　　—— Maurice Vincent Wilkes
卡罗尔·威廉斯 —— Carroll Williams
温斯顿 —— P. Winston
迈克尔·赖特 —— Michael Wright

T

阿兰·图灵 —— Alan Mathison Turing